ROSE MARIE DONHAUSER

SMOOTHIE BOWLS

MEHR ENERGIE PASST NICHT IN EINE SCHÜSSEL

ROSE MARIE DONHAUSER

SMOOTHIE BOWLS

MEHR ENERGIE PASST NICHT IN EINE SCHÜSSEL

südwest

Inhaltsverzeichnis

Löffeln ist angesagt

Drin und drauf

Smoothie-Bowls zum Reinlöffeln

Bristol

–

LÖFFELN IST ANGESAGT

Wer kann so einer Schüssel schon widerstehen?

Man nehme eine Schüssel – eine Bowl – und bestücke diese mit gesunden Zutaten, die nicht nur lecker schmecken, sondern auch über so viele Nährstoffe verfügen, dass jede Mahlzeit zum „Healthy Highlight“ wird. Zudem ist eine Smoothie-Bowl eine schöne Alternative zum Smoothie, die je nach Geschmack cremiger, dickflüssiger oder auch kompakter mit festen Bestandteilen sein kann – einfach zum Löffeln gut.

KOMMEN SIE GUT DURCH DEN TAG

Während ungesundes Essen – sei es nun die dicke Schicht Schokonusscreme auf blankem Toast mit leeren Kalorien, ein Croissant mit billigen Transfetten, die Pommes zwischendurch oder der Cappuccino mit viel Zucker – Ihre Energie eliminiert, katapultiert Sie eine Smoothie-Bowl mit Vitaminen & Co. fühlbar in die höhere Leistungsfähigkeit, um den Tag schwungvoll zu genießen.

Dazu kommt: Die Smoothie-Bowl mit dem Löffel in der Hand animiert Sie zum Hinsetzen, also zu einer gemütlichen Mahlzeit am Tisch. Dabei schmeckt sie lecker und tut zu jeder Tageszeit beziehungsweise zu jedem gewählten Zeitpunkt gut. Zum Frühstück stellt die Bowl einen Superstart dar, kann aber genauso mit an den Arbeitsplatz fürs zweite Frühstück, als Mittagessen oder als Nachmittagssnack mitgenommen werden. Entscheidend ist eben die Abwechslung. Sie können auch zum Frühstück einen grünen Smoothie trinken, im Büro eine Smoothie-Bowl verspeisen und am Abend eine zweite mit ganz anderen Zutaten zubereiten. Rezepte, Anregungen, Tipps, Auswahl von Zutaten, Zubereitungen sowie Informationen über Nährstoffe gibt es dazu reichlich in diesem Buch.

Warum Smoothie-Bowls so gesund sind

Von der Deutschen Gesellschaft für Ernährung (DGE) kennen wir die Empfehlung „täglich fünf Portionen Obst und Gemüse" zu essen, was pro Portion einer Handvoll entspricht. Seit 2002 wird diese Kampagne auch von der Europäischen Union gefördert, nicht zuletzt, weil wir uns mit gesunder Ernährung vor Zivilisationskrankheiten – wie Übergewicht, Diabetes Typ 2 oder Herz-Kreislauf-Erkrankungen – schützen können, die wiederum durch eine ungesunde Lebensweise begünstigt werden. Die Smoothie-Bowl passt perfekt zu dieser Ernährungsempfehlung. Denn in dieser Schüssel „tummeln" sich gesunde pflanzliche Zutaten, die unserem Körper mit ihren nährstoffreichen Kombinationen rundherum guttun.

So wirken nährstoffreiche Lebensmittel unter anderem gegen oxidativen Stress. Dieser wird durch körperlichen oder psychischen Stress, wie beispielsweise Umweltgifte, Pestizide, Medikamente, Rauchen, Alkohol oder starke Arbeitsbelastung ausgelöst. Der Verzehr von frischen Lebensmitteln hilft hier, diese Belastungen auszugleichen oder ihnen vorzubeugen.

Unser angeborenes Abwehrsystem schützt uns grundsätzlich vor freien Radikalen, also unnützen aggressiven Sauerstoffteilchen, die beim Stoffwechsel entstehen, weil unser Körper Antioxidantien bildet. Diese chemischen Verbindungen, die eine nicht erwünschte Oxidation anderer Substanzen gezielt verhindern, sind die Zaubermittel schlechthin. So kann zum Beispiel ein Apfel mit seiner hohen Dichte an wertvollen Inhaltsstoffen freie Radikale unschädlich machen. Ernähren wir uns gesund, hat der Körper ausreichend Antioxidantien zur Verfügung, um im Gleichgewicht zu bleiben. Dazu benötigen wir eine Auswahl an richtigen Lebensmitteln. Also Nahrung, die uns als unterstützendes Element nicht nur satt macht, sondern auch vom Körper als „natürliches Doping" entsprechend verarbeitet wird. Und die gibt es in Smoothie-Bowls en masse.

Langeweile war gestern

Ein Sprichwort sagt: „Das Auge isst mit." Wir visualisieren in Sekundenschnelle – und wenn etwas lecker aussieht, „läuft uns das Wasser im Munde zusammen". Die Optik entscheidet also mit, ob uns das bevorstehende Essen schmecken wird. Natürlich geschieht das individuell – Geschmack und Sinne entscheiden, was uns guttut. Die Unterschiede sind genauso vielfältig wie wir Menschen – die einen mögen Äpfel, die anderen nicht – und trotzdem gibt die „Apotheke der Natur" jedem von uns eine Vielzahl an Möglichkeiten, unsere persönliche Smoothie-Bowl gesund und bunt zu gestalten. Die eine Schüssel ist kunterbunt, andere wiederum im Gesamteindruck grün, rot, gelb – mit Farbtupfern. Es ist alles möglich, sogar die Farben Schwarz, Braun, Weiß und Beige tauchen auf.

Vom Kauen und der Haptik

Es gibt einen allgemeinen Richtwert, wie oft ein Bissen im Mund gekaut werden sollte: etwa 30 Mal! Das ist keine Schikane, sondern eine Empfehlung für unsere Gesundheit und somit unser Wohlbefinden. Bereits im Mund findet ein Teil des Verdauungsvorgangs statt, sobald die Nahrung beim Kauen mit Speichel vermischt wird. Je kräftiger gekaut wird, umso kräftiger setzt der Speichelfluss ein. Das Gekaute wird im Magen schonender verdaut, was Völlegefühle verhindert. Beim Schlingen gelangen neben Luft auch schlechter verwertbare Nahrungsteile in den Magen. Es ist außerdem schade, Aromen und Intensität der Lebensmittel im Mund zu wenig zu genießen. Und wer länger kaut, isst automatisch weniger – somit macht Kauen einfach schlank.

Bei der Smoothie-Bowl können Sie quasi die verschiedensten Konsistenzen erspüren. Die haptische Wahrnehmung ermöglicht das aktive Erfühlen von Strukturen und Texturen im Mund wie weich, cremig, hart, blättrig, knackig oder crunchy. Auch dieses Kauerlebnis erzeugt eine fröhliche Zufriedenheit beim Essen.

DIE „SUPER-BOWL"

Eine Smoothie-Bowl kann zur Top- oder Super-Bowl werden, wenn gewisse Grundvoraussetzungen stimmen. Und diese sind: Herkunft und Qualität – also das Wissen darüber, woher die Zutaten stammen, und dass sie möglichst aus der Biolandwirtschaft kommen. Eine Mahlzeit ist eben nur so gut wie ihre Zutaten. Das ist extrem wichtig in unserer Zeit, da wir noch nie so gut über unsere

Ernährung informiert waren wie jetzt. Wir als Verbraucher können entscheiden, ob wir No-Name- und Billigprodukte oder Lebensmittel mit Herkunftsnachweis und aus biologischem Anbau kaufen. In diesem Zusammenhang fällt vielfach das neu designte Wort „Clean Eating“. Übersetzt wird dieser innovative Begriff als „sauberes“ oder „reines“ Essen. Gemeint ist damit, dass möglichst natürliche und nicht verarbeitete Lebensmittel gewählt und gegessen werden. Ohne Zusatzstoffe, ohne Denaturierung, einfach direkt aus der Natur – pflanzliche Lebensmittel mit einer hohen Nährstoffdichte. Und genau das alles kommt in einer Smoothie-Bowl auf den Tisch.

Dekorativ und praktikabel

In den Rezepten sind die Zutaten für eine Schüssel angegeben. Schöne Frühstücksschüsseln, ob aus Porzellan oder Glas, für den Transport verschließbare Plastikschüsseln mit Deckel oder je nach Belieben dekorative Portionsschalen mit Fuß, auch tiefe Suppenteller – in jedes gewählte Behältnis passen die Zutaten. Die Portionen sind so ausgerichtet, dass sie in der Bowl, die etwa 500 Milliliter fassen sollte, großzügig Platz haben und dass das Gericht mit den unterschiedlichen Komponenten nicht üppig überladen wirkt.

Superfoods für Super-Bowls

Eine Schüssel „Gesundes“, die durch ihre vielfältigen Zutaten ein Füllhorn an Vitaminen und Mineralstoffen darstellt, kann zusätzlich mit Superfoods bereichert werden. Das kann die eine oder andere Prise Maca oder Acai sein, eingeweichte Chiasamen als Basis oder ein paar getrocknete Gojibeeren als Topping.

Doch was macht Superfoods tatsächlich aus? Der Begriff wurde von dem Amerikaner David Wolfe – der als Ernährungsspezialist auf internationalen Bühnen Vorträge über außergewöhnlich wertvolle Lebensmitteln hält – erstmals verwendet. Wolfe stellt pflanzliche Lebensmittel in den Fokus, die über eine extrem hohe Nährstoffdichte verfügen, weshalb diese Nahrungsmittel als Heilmittel zu begreifen sind. Rein rechtlich ist der Begriff nicht geschützt, da diese Superfoods aufgrund ihrer exorbitant hohen Nährstoffe sowie einer teils medizinischen Wirksamkeit weder ausschließlich als Heilmittel noch als Lebensmittel bezeichnet werden können. Tatsache ist allerdings, dass Superfoods absolut natürlichen Ursprungs sind, keinerlei Zusätze aufweisen oder denaturierten Veränderungen unterzogen worden sind. Superfoods stammen zudem nicht wie beispielsweise hochgezüchtete Hybridpflanzen aus dem Labor und können als natürliche Nahrungsergänzungsmittel bezeichnet werden.

WAS KANN ALLES REIN?

Die Grundzutaten für Bowls gleichen denen der Smoothies. Da bei der Smoothie-Bowl der Löffel ins Spiel kommt, wird die Zutatenliste sogar noch viel länger. Für die dickflüssige bis kompakte Basis können Sie eine Kombination aus Früchten und/oder Gemüse genauso verwenden wie Milchprodukte oder vegane Milch. Oder eine Mischung aus Wasser, (Frucht-)Säften mit eingeweichtem Getreide, Nüssen sowie Körnern und Samen. Sobald die Basis entschieden ist, haben Sie freie Auswahl, was die Aromen betrifft. Soll die Bowl fruchtiger, gemüsiger, süßlicher sein? Oder pikant mit Gewürznoten? Knackiger oder frischer? Das kann heißen: (selbst gemachtes) Granola dick auf die Bowl packen, damit der Löffel stecken bleibt – oder Quinoa- und Amarant-Pops, die schön aufgepufft und luftig locker schmecken, getrocknete Maulbeeren, zerbröselte Chiakräcker oder geröstete Pumpernickelbrösel. Einfach ausprobieren und immer wieder neue Geschmackserlebnisse genießen. Anregungen und Auflistungen von Zutaten finden

Sie auf den folgenden Seiten. Ein Beispiel: Haben Sie am Abend zuvor Hafer eingeweicht, können Sie frische Zutaten ergänzen: Belegen Sie den Brei mit Früchten, bestreuen Sie ihn mit Samen, Nüssen oder Kräutern – und dopen Sie ihn sogar mit Superfoods.

Ein Upgrade für den Vorratsschrank

In jedem Haushalt lagern verschiedenste Lebensmittel: Zerealien, Getreidesorten, Nüsse, Samen, Trockenfrüchte, Süßungsmittel, Öle und Flüssigkeiten. Dazu gesellen sich der Vorrat an tiefgekühlten Früchten im Gefrierschrank, der Kühlschrank mit Gemüsefach für Frischgemüse und -obst sowie möglicherweise die Fensterbank oder der Garten für frische saisonale Ernten.

Auf Vorrat

Ob nun Cornflakes, verschiedenste Müsli- oder Nussmischungen, Trockenfrüchte oder Kerne – es sammelt sich im Küchenschrank so einiges an. Damit eine gewisse Ordnung und auch Hygiene herrscht, ist es ratsam, die einzelnen Zutaten nicht einfach lose in geöffneten Plastikbeuteln und Verpackungen im Schrank zu stapeln. Sonst kann es passieren, dass die Haltbarkeitsdaten übersehen werden, Nüsse ranzig werden, einzelne Körner auf den Regalböden fallen und Fruchtfliegen & Co. sich breit machen. Idealerweise sollten die Zutaten trocken, dunkel und luftdicht verschlossen gelagert werden. Dazu einfach leere Schraubgläser/Twist-off-Gläser, beispielsweise von Konfitüren oder Essiggurken, in Wasser auskochen, damit sie steril sind, und nach gründlichem Trocknen mit den entsprechenden Lebensmitteln füllen. Hilfreich ist auch, die Gläser zu beschriften, damit Sie bei vielen Zutaten im Schrank nicht den Überblick verlieren und aus Versehen zum falschen Produkt greifen.

Damit Sie einen guten Überblick über die große Zutatenauswahl für Smoothie-Bowls bekommen, habe ich Ihnen eine Liste zusammengestellt. Natürlich kann bei der folgenden Auflistung das eine oder andere Lebensmittel fehlen, aber bei dem mittlerweile gewaltigen Angebot in Bioläden, Drogerien, Supermärkten und auch im Internet ist eine Vollständigkeit beinahe unmöglich.

Flüssige Basis

Eine Smoothie-Bowl braucht natürlich eine entsprechende Flüssigkeit. Das können Wasser, Saft (Direktsaft, frisch gepresst), Kokosmilch und Kokoswasser, Milch und -produkte, Pflanzendrinks wie beispielsweise Mandel-, Cashew-, Reis-, Hafer- oder Sojamilch sein. Oder kompakter: Joghurt, Kefir und andere Milchprodukte, die es meist auch in veganer Form gibt. Die Flüssigkeit verbindet alle Elemente in der Schüssel. Sollte einer Bowl doch mal ein letzter (Frische-)Kick fehlen, einfach auf ein simples Rezept zurückgreifen: Eine kleine reife Banane mit dem Saft einer halben Zitrone mixen und unter die Bowl-Mischung rühren. Oder eine Banane mit etwas frisch geriebenem Ingwer und dem Saft von einer halben Orange mixen.

Nüsse, Kerne und Samen

Im Sprachgebrauch hat sich oft das Wort „Nuss" durchgesetzt, zum Beispiel für Früchte oder Kerne, die im botanischen Sinne keine Nüsse sind (etwa bei Cashews, die zu den Kernen gehören). In dieser erweiterten Bedeutung verwende ich den Begriff auch in diesem Buch. Alle Nüsse enthalten in unterschiedlichen Mengen wertvolle Vitamine und Mineralstoffe: Vitamin E schützt beispielsweise die Gefäße im Gehirn, Vitamin A gilt als Gesund- und Jungbrunnen für die Schönheit, Vitamin B als das Nervenvitamin, das Reaktionsfähigkeit und Motorik verbessert. Kalzium wird für Knochen und Zähne benötigt, unterstützt aber auch die Reizübertragung in allen Nerven- und Gehirnzellen.

Von diesen Gesundheitsbomben steht Ihnen eine riesige Auswahl zur Verfügung: Haselnüsse, Erdnüsse, Paranüsse, Mandeln, Pekannüsse, Erdmandeln (Chufanüsse), Walnüsse, Macadamias, Edelkastanien (Maroni), Pistazien … Dazu jede Menge an Samen und Kernen: Pinienkerne, Chiasamen, Leinsamen, Flohsamen, Hanfsamen, Sesamsamen, Kürbis- und Sonnenblumenkerne, Cashewkerne …

Ein kleiner Tipp: Kaufen Sie geschälte, unbehandelte und ungesalzene Bioware nur in kleinen Mengen, da die Nüsse durch das Nussfett schnell ranzig werden können. Nüsse und Kerne können übrigens auch eingefroren werden.

Superfoods in Pulverform

Bevor Sie ein entsprechendes Produkt kaufen, lesen Sie zuerst die Liste der Inhaltsstoffe. Je kürzer diese ist, umso reiner und unverarbeiteter ist das Produkt und umso weniger Zusätze sind enthalten. Auf der Produktverpackung kann auch ein Button mit der Aufschrift ORAC zu finden sein. Das ist die Abkürzung für den amerikanischen Begriff „Oxygen Radical Absorbance Capacity“, also die Fähigkeit, Sauerstoffradikale aufzunehmen. Der Wert sagt aus, in welcher Geschwindigkeit freie Radikale neutralisiert werden.

Superfoods in Pulverform werden meist in Mengen von 50 bis 100 Gramm angeboten. Die Verzehrempfehlung auf der Verpackung sollte befolgt werden. Den Smoothie-Bowls können Sie von einer Messerspitze bis zu einem halben oder einem Teelöffel untermischen: Acai, Camu-Camu, Carob, Acerola, Guaraná, Gojibeeren, Lucuma, Maqui, Moringa, Maca, Chlorella – als Aromaspender eignen sich Vanille-, Kakao- und Zimtpulver.

Nahrungsergänzungsmittel

Smoothie-Bowls eignen sich genauso wie Smoothies als Basis für homöopathische Dosen Proteinpulver. Diese Eiweißpulver zählen zu den Nahrungsergänzungsmitteln und sind meist eine Mischung aus tierischen und pflanzlichen Proteinen. Es gibt sie allerdings auch in veganer Form. Die bekanntesten reinen Proteinpulversorten bestehen aus Hanf, Hafer, Soja, Kürbis, Algen, Rohreis und Erbsen. Sie werden vielfach als Unterstützung bei Diäten, im Fitnessbereich und vor allem für den Muskelaufbau verwendet. Ob der Zusatz von Proteinpulvern, die auch oft mit Aromen wie beispielsweise Vanille oder Kakao angereichert sind, notwendig ist, obliegt der persönlichen Entscheidung. Wenn ja, dann sollten diese Nahrungsergänzungsmittel auch als solche verstanden werden – als Mittel, die unsere Nahrung ergänzen, zum Beispiel als temporäre Kur für mehr Energie, als begleitende Assistenz für eine Diät, als kurzzeitige Nachhilfe beim Sporttraining. Empfehlenswert ist auch, zwischendurch die Proteinquellen zu wechseln und nicht nur ein bestimmtes Produkt zu verwenden. Allgemein gilt: Wer sich generell abwechslungsreich ernährt, deckt seinen Bedarf an Eiweiß problemlos.

Zum Süßen

Vielfach sind frische Früchte so süß, dass keine Extrasüße nötig ist. Trockenfrüchte, auch eingeweicht, geben ebenfalls viel Fruchtzucker ab. Sollten Sie allerdings doch ein bisschen mehr Süße wünschen, dann sind Kokosblütenzucker, Kokosblütensirup, Kokosmus, Erdnussbutter, Reissirup, Mandel- oder Pistazienmus, Dattelsirup, Ahornsirup, Agavendicksaft, Apfel- und Birnendicksaft, Honig oder ein paar Tröpfchen Stevia zu empfehlen.

Trockenfrüchte

In diesem Segment gibt es nichts, was es nicht gibt. Von Apfel bis Rhabarber, sämtlichen Beeren und einem Gros an tropischen Früchten. Solo oder in einer Fruchtmischung, getrocknet oder gedörrt.

Empfehlenswert ist der Kauf von Bioware, ohne Schwefel und ohne Zuckerzusatz. Für die Smoothie-Bowls verwenden Sie am besten nur kleine Mengen, da durch das Trocknen oder Dörren der Früchte lediglich ein Flüssigkeitsentzug stattfindet und Süße sowie Kalorien konzentriert werden. Ein Beispiel: 100 Gramm frische Feigen enthalten etwa 61 Kalorien, 100 Gramm getrocknete Feigen hingegen 248 Kalorien.

Frische Früchte

Saisonale, regionale und am besten erntefrische Zutaten in einer Smoothie-Bowl – das wäre das Nonplusultra einer nährstoffreichen Mahlzeit. Ich empfehle daher, nicht „akkurat" nach Zutatenliste einzukaufen. Verstehen Sie die Rezepte vielmehr als Inspiration, selbst kreativ zu werden. Gibt es zum Beispiel keine Aprikosen oder sind sie zu hart, duften und schmecken nicht – wählen Sie einfach ein anderes Obst aus. Vielleicht eine Honigmelone, Pfirsiche oder Nektarinen?

Für die Smoothie-Bowls eignen sich alle Früchte, die möglichst in Bioqualität zu kaufen sind. Bei der Frage, ob schälen oder nicht, gibt es kein eindeutiges Ja oder Nein. In und unter der Schale befinden sich viele Vitamine, Mineral- und Ballaststoffe, manchmal sogar mehr als in der eigentlichen Frucht. Gleichzeitig fürchten viele Konsumenten, dass Schalen mit Pestiziden sowie Fungiziden belastet sind. Hier gibt es Entwarnung: Laut einer aktuellen Studie der Deutschen Gesellschaft für Ernährung sind die Belastungswerte von deutschen Früchten und Gemüsen unbedenklich. Allgemein ist es wichtig, dass Sie die Früchte unter fließendem Wasser gut waschen und notfalls bürsten. Zusammengefasst: Produkte aus der ökologischen Landwirtschaft kaufen, gut waschen und mit der Schale verwenden.

Tropische Früchte wie Bananen, Ananas, Mangos, Granatäpfel, Papayas, Lychees & Co. werden ohnehin geschält und geben mit ihren Farben und ihrer Süße der Bowl noch einen extra Powerkick. Doch sollten auch diese gründlich gewaschen werden, denn beim Schälen kommen die Hände unwillkürlich mit dem Fruchtfleisch in Berührung.

Frisches Gemüse

Je nach Geschmack und Zusammenstellung einer Smoothie-Bowl passen Gemüse wie beispielsweise Spinat, Salat, Kürbis, Grünkohl, Avocado, Salatgurke, Zucchini, Möhren und Gewürzpflanzen wie Ingwer und Galgant hervorragend hinein.

Aus dem Gefrierschrank

Eine Smoothie-Bowl wird durch die Zugabe von gefrorenen Früchten oder frischen Früchten mit Eiswürfeln cremig-fluffig. Auch gefrorenes Gemüse wie Grünkohl, Rosenkohl, Erbsen und Spinat können portionsweise mit in die Bowl gemixt werden. Ich habe deshalb bei vielen Rezepten eine Anfrierzeit angegeben – die jedoch optional ist. Sie können Obst/Gemüse auch frisch beziehungsweise direkt verwenden.

Wer nicht nur auf Obst und Gemüse der Saison zurückgreifen möchte, für den ist eine gute Vorratshaltung empfehlenswert. Dazu frieren Sie Ihre Lieblingssorten portionsweise ein und können diese bei Bedarf verwenden.

PÜRIEREN UND MIXEN

Zum Zerkleinern und Pürieren ist ein leistungsstarker und hochwertiger Standmixer nötig. Im Angebot sind viele Geräte, aber letztendlich ist die Entscheidung für Design, Preis und Größe/Volumen eine sehr individuelle. Dabei ist die Frage entscheidend, ob „nur" Früchte verwendet werden, die leicht zu pürieren sind, oder der Standmixer einiges aushalten können muss, weil auch „knackige" und festere Gemüsesorten zum Einsatz kommen. Letztendlich hängt der Kauf vom häufigen Einsatz in der Küche und der leichten sowie schnellen Anwendbarkeit ab. Wird die Basis einer Smoothie-Bowl aus festen oder gefrorenen Zutaten wie beispielsweise Rosenkohl oder knackigen Nusskernen püriert, ist ein hochwertiger Standmixer ab 30 000 Umdrehungen in der Minute zu empfehlen. Findet ein Mixer mit weniger Umdrehungen Verwendung, können Probleme auftauchen. Das Pürieren dauert dann zu lange, sodass der Mixer warm oder sogar heiß läuft. Nicht nur die Zutaten sind also für eine sehr gute Smoothie-Bowl entscheidend, sondern auch die verwendeten Arbeitsgeräte.

Der perfekte Powersnack

Zur Frage, ob Mandelbutter, kalt gepresste Öle aus Chia- und Leinsamen, aus Nüssen, Samen und Oliven noch beigemischt werden können, lautet die Antwort: Ja – wenn es schmeckt und guttut. Doch bei aller Euphorie für diese tollen Bowls, die wie nährstoffreiche Vitaminbomben wirken, sollten die Kalorien doch nicht ganz außer Acht gelassen werden. So gesund das Beimischen von tropfen- oder teelöffelweise Öl oder veganer Butter, von Samen, Nüssen sowie den unterschiedlichsten Zerealienmischungen auch ist: Sie alle enthalten gesunde Fette. Durch die vielfältigsten Mischungen in einer Bowl ist nicht genau zu sagen, wie viele Kalorien jeweils exakt enthalten sind. Durchschnittswerte bewegen sich zwischen 300 und 700 Kilokalorien pro Bowl. Gesunde Kalorien, wohlgemerkt – die genaue Höhe ist individuell steuerbar.

Ein Hochleistungsmixer püriert auch festes Gemüse und Nüsse cremig weich.

DRIN UND DRAUF

Warum kaufen, was Sie auch selbst machen können?

Natürlich können Sie in den Supermarkt gehen und dort eine Mandelmilch oder ein Fertigmüsli für Ihre Smoothie-Bowl kaufen. Oder Sie bereiten alternativ diese leckeren Grundzutaten selbst zu. Dann wissen Sie nämlich genau, was alles Gutes drin steckt und werden nicht von heimlichen Zuckerbomben überrascht. Hier finden Sie daher Inspirationen für Pflanzendrinks, Granolas und Toppings wie Nussmus oder Dattelkugeln.

—

VEGANE MILCHALTERNATIVEN

Speziell für die vegetarische und vegane Ernährung, aber auch für Menschen mit Laktoseintoleranz und Milchallergien gibt es die verschiedensten Alternativen, hergestellt aus Pflanzen – Nüssen, Samen, Getreide oder aus Hülsenfrüchten wie Soja – und Wasser, die aufgrund ihrer weiß-milchigen Konsistenz umgangssprachlich als „Milch" bezeichnet werden. Da die Nachfrage von Kundenseite aus groß ist, finden Sie im Handel mittlerweile eine stattliche Auswahl an ungesüßten puren Drinks bis hin zu gemischten und/oder geschmacklich angereicherten. Ob nun Soja-, Mandel-, Hafer- oder Dinkelmilch – die Verpackung im Tetrapak, die preisliche Differenz zur Kuhmilch sowie viel zu viele Süßungsmittel und Zusatzstoffe bewegen immer mehr Menschen dazu, ihre Pflanzenmilch einfach selbst herzustellen.

Deshalb habe ich Ihnen hier eine schöne Auswahl an Pflanzenmilchrezepten zusammengestellt, mit Zutaten, die sich leicht verarbeiten lassen. Für die Zubereitung brauchen Sie nicht viel: Waage, Messbecher, Sieb, Standmixer, Filterbeutel oder Küchentuch und ein bis zwei Gefäße. Abgefüllt und gut verschlossen halten sich die meisten Pflanzenmilchsorten im Kühlschrank bis zu fünf Tage; alternativ können sie auch in Eiswürfelbehälter gefüllt und eingefroren werden. Dann einfach portionsweise auftauen und mit den anderen Zutaten der Smoothie-Bowl in den Mixer geben, pürieren: fertig.

Beachten Sie bitte, dass die meisten Nüsse, Kerne oder Getreidesorten vorab eingeweicht werden müssen, da sie eine relativ harte Schale besitzen. Beim Einweichen werden durch die Zugabe von Wasser nach einiger Zeit schwer verdauliche Enzyme gelöst, die andernfalls die Tätigkeit der Bauchspeicheldrüse behindern könnten. Stoffe wie Phytinsäure, Tannine und Enzyminhibitoren werden so abgebaut. An deren Stelle treten Vitamine und nützliche Enzyme, die unser Körper braucht und gut verträgt.

NUSSMILCH

Für etwa 1 l:

- 150 g Mandeln, alternativ Haselnüsse, Macadamia oder andere Nüsse
- 1 l Wasser + Wasser zum Einweichen

Zubereitungszeit:

- 10 Min. + 12 Stdn. Einweichzeit

— Nüsse 12 Stunden in Wasser einweichen, am besten über Nacht. Anschließend in ein Sieb geben und mit kaltem Wasser spülen. Zusammen mit 1 Liter frischem Wasser im Standmixer pürieren.

— Nussmilchbeutel oder feinmaschiges Küchentuch über eine Kanne legen. Püriertes Nuss-Wasser-Gemisch eingießen. Beutel fest ausdrücken, sodass die ganze Flüssigkeit austreten kann. Milch entweder sofort verwenden oder kühl stellen.

CASHEWMILCH

Für etwa 1 l:

- 150 g Cashewkerne
- 1 l Wasser + Wasser zum Einweichen

Zubereitungszeit:

- 10 Min. + 2–3 Stdn. Einweichzeit

— Cashewkerne etwa 2 bis 3 Stunden in Wasser einweichen. Anschließend in ein Sieb geben und mit kaltem Wasser spülen. Zusammen mit 1 Liter frischem Wasser im Standmixer pürieren.

— Nussmilchbeutel oder feinmaschiges Küchentuch über eine Kanne legen. Püriertes Cashew-Wasser-Gemisch eingießen. Beutel fest ausdrücken, sodass die ganze Flüssigkeit austreten kann. Milch entweder sofort verwenden oder kühl stellen.

Wie wäre es damit?

- Um die Milch etwas cremiger oder geschmacksintensiver zu bekommen, können Sie zwei entsteinte Datteln und eine Prise Salz mitpürieren. Andere getrocknete Früchte wie Feigen, Äpfel, Mango oder Birnen eignen sich ebenso dafür. Probieren Sie alternativ auch mal Agavendicksaft, Ahornsirup, Honig, Zuckerrüben- und Löwenzahnsirup oder Birnen- beziehungsweise Apfeldicksaft aus. Dann empfiehlt es sich jedoch, die Nussmilch frisch zuzubereiten und nicht auf Vorrat.

- Um die Nussmilch etwas aufzupeppen, können Sie Vanillemark, Kardamom, Zimtpulver, geriebene Muskatnuss, Carob- oder Kakaopulver verwenden. Im Vergleich zu Kakao ist Carobpulver sehr fettarm (100 Gramm enthalten etwa 250 Kilokalorien) und nicht so bitter im Geschmack. In Kakao sind zwischen 1 und 2 Prozent anregende Substanzen wie Theobromin und Koffein enthalten, Carobpulver hingegen enthält keinen dieser Stoffe. Für eine kindgerechte Smoothie-Bowl ist Carob dem Kakao also vorzuziehen.

- Je nachdem, wie das Mengenverhältnis von festen Bestandteilen wie Nüssen oder Getreide zur Flüssigkeit ist, entsteht eine dünnflüssige bis dickflüssige Pflanzenmilch, was auch den Geschmack beeinflusst. Haben Sie in der Zubereitung von Pflanzendrinks mehr Übung, können wiederum ganz neue Konsistenzen entstehen, wenn Sie beispielsweise die Drinks nicht passieren.

- Die Pflanzenreste (Trester) müssen Sie nicht in den Abfall werfen, sie eignen sich gut als Zutat für Müslis oder Smoothie-Bowls. „Okara", die Reste der Sojabohnen, werden zum Beispiel in der asiatischen Küche in diversen Gerichten weiterverwendet.

HAFER- ODER DINKELMILCH

- Hafer- oder Dinkelkörner etwa 12 Stunden in Wasser einweichen, am besten über Nacht. Anschließend in ein Sieb geben und mit kaltem Wasser spülen. Zusammen mit 1 Liter frischem Wasser in einen Standmixer geben. Langsam starten, dann bei Höchststufe 1 bis 2 Minuten pürieren.

- Nussmilchbeutel oder feinmaschiges Küchentuch über eine Kanne legen. Püriertes Getreide-Wasser-Gemisch eingießen. Beutel fest ausdrücken, sodass die ganze Flüssigkeit austreten kann. Milch entweder sofort verwenden oder kühl stellen.

Bei Schrot oder Flocken reduziert sich die Einweichzeit erheblich.

Für etwa 1 l:

~ 100 g Hafer- oder Dinkelkörner, alternativ auch gemischt oder Schrot bzw. Flocken
~ 1 l Wasser + Wasser zum Einweichen

Zubereitungszeit:

~ 10 Min. + 12 Stdn. Einweichzeit

KOKOSMILCH

- Fruchtfleisch aus der Kokosnussschale herauslösen und in grobe Stücke schneiden. Etwa die Hälfte davon mit 1 Liter Wasser in den Standmixer geben. Langsam starten, dann bei Höchststufe 1 bis 2 Minuten pürieren.

- Nussmilchbeutel oder feinmaschiges Küchentuch über eine Kanne legen. Püriertes Kokosnuss-Wasser-Gemisch eingießen. Beutel fest ausdrücken, sodass die ganze Flüssigkeit austreten kann. Milch entweder sofort verwenden oder kühl stellen.

Alternative: 200 Gramm Kokosnussraspel mit 1 Liter kochend heißem Wasser übergießen und etwa 20 Minuten stehen lassen. Anschließend im Standmixer pürieren, passieren und abfüllen.

Für etwa 1 l:

~ Fruchtfleisch einer halben Kokosnuss, alternativ 200 g getrocknete Kokosnussraspel
~ 1 l Wasser

Zubereitungszeit:

~ 15 Min.

Kokosnusswasser oder Kokosnussmilch?

Die grün geernteten Früchte enthalten etwa 45 Prozent Wasser, das „Kokosnusswasser", welches durch seine Inhaltsstoffe Magnesium, Phosphor, Kalium, Selen und Eisen als isotonisches Getränk bezeichnet werden kann. Es wird meist pur getrunken oder im Smoothie mitgemixt. Wenn man die grünen Kokosfrüchte trocknet, wird die Schale hart und faserig, der Wassergehalt des weißen Fruchtfleisches wird auf fünf Prozent reduziert. Das nun eher harte Kokosfruchtfleisch dient als Basis für die Herstellung von Fett, Öl, Flocken und Paste. Sein Fettgehalt liegt bei über 60 Prozent. Die Kokosmilch, die es im Handel gibt, ist kein natürliches Produkt der Kokosnuss, sondern wird hergestellt, indem das Fruchtfleisch mit Wasser püriert und die Mischung anschließend durch ein Tuch gepresst wird. Sie hat einen durchschnittlichen Fettgehalt von etwa 20 Prozent.

Cashew
Erdmandel
Soja

Haselnuss
Mandel
Hanfsamen

HANFSAMENMLICH

Für etwa 1 l:

- 100 g ungeschälte Hanfsamen
- 1 l Wasser

Zubereitungszeit:

- 10 Min.

— Hanfsamen können uneingeweicht verarbeitet werden, da sie keine Enzymhemmer enthalten. Hanfsamen mit 1 Liter Wasser in den Standmixer geben. Langsam starten, dann bei Höchststufe 1 bis 2 Minuten pürieren.

— Nussmilchbeutel oder feinmaschiges Küchentuch über eine Kanne legen. Püriertes Hanfsamen-Wasser-Gemisch eingießen. Beutel fest ausdrücken, sodass die ganze Flüssigkeit austreten kann. Milch entweder sofort verwenden oder kühl stellen.

Achtung, gesund!

100 Gramm Hanfsamen enthalten in etwa 450 Kilokalorien, bestehend aus jeweils 35 Prozent Fett und 35 Prozent Kohlenhydraten sowie 24 Prozent Proteinen und einem besonders hohen Anteil an B-Vitaminen. Kalium, Magnesium, Eisen, Kalzium und das Schönheitsvitamin E kommen noch dazu. Zudem weisen Hanfsamen alle essenziellen Aminosäuren auf und die pflanzlichen Proteine bestehen hauptsächlich aus dem leicht verdaulichen Globulin Edestin. Kein Wunder also, dass Hanfsamen eine echte Kraftquelle darstellen – dabei schmecken sie auch noch nussig-lecker. Sie eignen sich nicht nur gut zur Herstellung von Pflanzenmilch, sondern ebenso als Topping für die Smoothie-Bowls.

SOJAMILCH

Für etwa 1 l:

- ~ 100 g getrocknete Sojabohnen
- ~ 1 l Wasser + Wasser zum Einweichen

Zubereitungszeit:

- ~ 25 Min. + mindestens 5–6 Stdn. Einweichzeit

— Getrocknete Sojabohnen für mindestens 5 bis 6 Stunden in Wasser einweichen. Aufgequollene Sojabohnen, die nach dem Einweichen doppelt so groß sind, in ein Sieb geben und mit kaltem Wasser abspülen. Anschließend mit 1 Liter frischem Wasser im Standmixer pürieren.

— Sojaflüssigkeit in einen Kochtopf geben und unter Rühren aufkochen. Hitze reduzieren und etwa 15 Minuten leise köcheln lassen. Dabei den Topf nicht aus dem Auge lassen, mit einem Schaumlöffel immer wieder abschäumen oder Hitze so regulieren, dass nichts überlaufen kann. Topf vom Herd nehmen und Flüssigkeit etwas abkühlen lassen.

— Nussmilchbeutel oder feinmaschiges Küchentuch über eine Kanne legen. Sojaflüssigkeit eingießen und Beutel fest ausdrücken. Sojadrink bei Zimmertemperatur vollständig abkühlen lassen und danach kühl stellen. Er hält sich im Kühlschrank maximal 2 bis 3 Tage.

Tipp: Die selbst gemachte Sojamilch schmeckt leicht süßlich. Für die Zubereitung von Smoothie-Bowls empfiehlt es sich daher, erst bei der Verwendung nachzusüßen.

ERDMANDELMILCH

Für etwa 1 l:

- 200 g getrocknete Erdmandeln
- 1 l Wasser + Wasser zum Einweichen

Zubereitungszeit:

- 10 Min. + mindestens 8 Stdn. Einweichzeit

— Getrocknete Erdmandeln für mindestens 8 Stunden in Wasser einweichen. Anschließend in ein Sieb geben und mit kaltem Wasser spülen. Zusammen mit 1 Liter frischem Wasser in einem Standmixer pürieren.

— Nussmilchbeutel oder feinmaschiges Küchentuch über eine Kanne legen. Püriertes Erdmandel-Wasser-Gemisch eingießen. Beutel fest ausdrücken, sodass die ganze Flüssigkeit austreten kann. Milch entweder sofort verwenden oder kühl stellen.

Lust auf Abwechslung

Erdmandeln sind die Wurzelknollen des Erdmandelgrases und in England und Frankreich als „Tigernuss" bekannt. Die sogenannten braunen Sprossknollen werden getrocknet und kommen verzehrfertig ohne Zusätze in den Handel. Die Erdmandel besteht aus über 40 Prozent Kohlenhydraten, etwa 8 Prozent leicht verdaulichem Eiweiß, Ballaststoffen, Wasser und wertvollem Fett. Zudem können die „Kleinen" mit Mineralstoffen, allem voran Kalium, Calcium, Magnesium, Eisen und Natrium, punkten. In Spanien ist die Erdmandelmilch übrigens unter dem Namen „Horchata de Chufa" bekannt und wird in „Horchaterias" (Milchbars und Eisdielen) frisch zubereitet und eiskalt serviert.

MÜSLIS UND GRANOLAS

Mischungen aus Getreideflocken, Kernen, Samen, Nüssen und Trockenfrüchten sind die Basis eines jeden Müslis. Dabei enthält ein Müsli nur trockene Zutaten, kein Öl oder andere Flüssigkeiten. Das englische Wort „Granola" (zu Deutsch einfach „Müsli") hat sich dagegen bei uns als Bezeichnung für „gebackenes" Müsli durchgesetzt. Ein Granola wird mit Süßungsmitteln und Öl gebacken und dadurch sehr knusprig. Im Handel gibt es die unterschiedlichsten Fertigmischungen – ob nun Granola oder Müsli, es kann lange dauern, eine Kaufentscheidung zu treffen. Denn nicht nur das große Angebot erschwert die Auswahl, sondern auch die Zutaten mancher Müslis: Einige Produkte sind extrem überzuckert und auch vom Fettgehalt nicht überzeugend. Lassen Sie sich nicht täuschen, die Bezeichnung „Bio" sagt nichts über die Art der Zutaten (wie Zucker oder Palmöl) aus, sondern nur über deren Qualität.

Wenn Sie also sichergehen wollen, dass in Ihrem Müsli oder Granola wirklich nur gesunde und leckere Zutaten stecken und nicht viel zu viel Zucker, Fette, Malzextrakte, Glukose, Aromazusätze oder Salz, dann empfehle ich Ihnen ganz klar: Machen Sie Ihr Müsli oder Granola selbst. Das gilt genauso, wenn Sie unter Unverträglichkeiten leiden.

Ein Upgrade für den Vorratsschrank

Zuerst kommt die Basis, die aus Getreideflocken wie beispielsweise Hafer, Weizen, Gerste, Roggen und Dinkel und/oder Pseudogetreide wie Quinoa, Buchweizen und Amarant bestehen kann. Diese Grundzutaten, ob nun solo oder vermischt, können mit Kernen und Nüssen wie Mandeln, Cashew- oder Kürbiskernen erweitert werden. Zum Toppen der Mischung haben noch getrocknete Früchte, Flakes, Mohn oder Leinsamen Platz. Kokosflocken, Chiasamen, Kakaonips, Superfoods oder Blütenpollen – Ihrer Kreativität sind hier keine Grenzen gesetzt. Für regelmäßige Frühstücker ist es sicher ratsam, eigene Mischungen vorrätig zu haben, denn wer mischt sich schon gern frühmorgens quer durch den Vorratsschrank? Die Müsli- und Granolamischungen halten sich gut verschlossen etwa sechs Wochen.

Für eigene Müslimischungen können Sie die folgenden Granola-Rezepte verwenden, aber ohne feuchte Zutaten wie Öl und Sirup sowie Gewürze. Einfach Trockenfrüchte mit Getreide, Kernen, Nüssen und Samen mischen, fertig! Wenn Sie das Müsli zusammen mit einer aufgeschnittenen Vanilleschote im verschlossenen Behälter lagern, gibt das ein schönes Aroma!

GRANOLA MIT HAFER UND NÜSSEN

Für etwa 800 g:

- 400 g Haferflocken
- 2 EL brauner Zucker
- 1 TL gemahlener Zimt
- ½ TL Meersalz
- 100 ml Pflanzenöl
- 100 ml Ahornsirup
- 100 g Pekannüsse, gehackt, alternativ Walnüsse
- 100 g Rosinen
- 50 g Kürbiskerne

Zubereitungszeit:

- 35 Min.

— Backofen auf 160 °C vorheizen und Backblech mit Backpapier auslegen. Haferflocken mit braunem Zucker, Zimtpulver und Salz in einer Schüssel locker vermengen.

— In einer zweiten Schüssel Pflanzenöl und Ahornsirup gründlich verrühren und über die Haferflockenmischung gießen. Alles vorsichtig vermischen und gleichmäßig auf dem Backpapier verteilen.

— In den vorgeheizten Backofen schieben und etwa 25 Minuten knusprig und goldbraun backen. Haferflockenmischung währenddessen ein- bis zweimal mit dem Löffel lockern und durchmischen.

— Aus dem Ofen nehmen, in eine Schüssel füllen und mit Nüssen, Rosinen sowie Kürbiskernen vermischen. Gründlich abkühlen lassen. Danach in ein großes Schraubglas füllen, gut verschließen und an einem kühlen, trockenen Ort lagern.

AMARANT, GEPUFFT
HAFERFLOCKEN
KAKAONIBS
BUCHWEIZEN
HANFSAMEN
BLÜTENPOLLEN
BANANENCHIPS
MAULBEEREN, GETR.
CHIASAMEN

SONNENBLUMENKERNE
CASHEWS
LEINSAMEN
MOHN
DINKELFLOCKEN
GOJIBEEREN, GETR.
KÜRBISKERNE
MANDELN
KOKOSFLOCKEN
DINKELFLAKES

TROPENGARTEN-GRANOLA

Für etwa 700 g:

- 400 g Dinkelflocken
- 100 g Mandeln
- 2 EL Chiasamen
- 2 EL Kürbiskerne
- 50 g getrocknete exotische Früchte
- 50 g Kokosnussraspel
- 1 kräftige Prise Muskatnuss, frisch gerieben
- 1 kräftige Prise gemahlener Kardamom
- 2 EL Kokosblütenzucker
- 2 EL Sesampaste
- 50 g Kokosöl

Zubereitungszeit:

- 35 Min.

— Backofen auf 160 °C vorheizen und Backblech mit Backpapier auslegen. In einer Schüssel alle trockenen Zutaten einschließlich Kokosblütenzucker locker vermengen.

— Sesampaste mit Kokosöl in einen kleinen Topf geben, auf dem Herd bei mittlerer Hitze schmelzen und verrühren. Zu den trockenen Zutaten geben und vermischen. Auf dem Backblech gleichmäßig verteilen.

— In den vorgeheizten Backofen schieben und etwa 25 Minuten knusprig und goldbraun backen. Währenddessen Granolamischung ein- bis zweimal mit dem Kochlöffel lockern und durchmischen. Nach 20 Minuten Backofen ausschalten und Ofentür öffnen. Granola 5 Minuten langsam trocknen lassen.

— Granola aus dem Ofen nehmen und bei Zimmertemperatur vollständig abkühlen lassen, dann in ein großes Schraubglas füllen, gut verschließen und an einem kühlen, trockenen Ort lagern.

VANILLA-GRANOLA

Für etwa 700 g:

- 100 g Datteln, entsteint
- 1 Vanilleschote
- 100 g Buchweizen
- 100 g Quinoa
- 200 g Haferflocken
- 2 EL Carobpulver
- 100 g gepuffter Amarant
- 50 g getrocknete Bananenchips
- 50 g Kokosöl
- 2–3 EL Agavendicksaft

Zubereitungszeit:

- 40 Min.

— Backofen auf 160 °C vorheizen und Backblech mit Backpapier auslegen. Datteln klein schneiden, Vanilleschote längs aufschneiden und Mark herauskratzen. Beides mit den restlichen trockenen Zutaten in eine Schüssel geben und locker vermengen.

— Kokosöl in einen kleinen Topf geben, auf dem Herd bei mittlerer Hitze schmelzen und zusammen mit Agavendicksaft unter die trockenen Zutaten rühren. Auf dem Backblech gleichmäßig verteilen.

— In den vorgeheizten Ofen schieben und etwa 30 Minuten goldbraun und knusprig backen. Zwischendurch mit einem Kochlöffel lockern und durchmischen.

— Granola aus dem Ofen nehmen und bei Zimmertemperatur vollständig abkühlen lassen. Dann in ein großes Schraubglas füllen, gut verschließen und an einem kühlen, trockenen Ort lagern.

ORANGEN-INGWER-GRANOLA

- Backofen auf 160 °C vorheizen und Backblech mit Backpapier auslegen. Ingwer schälen und fein würfeln.

- Bioorange heiß waschen, gründlich abtrocknen und Orangenschale fein abreiben. Anschließend Orange auspressen.

- Kokosöl in einen kleinen Topf geben, auf dem Herd bei mittlerer Hitze schmelzen und mit Orangensaft, geriebener Orangenschale sowie Honig verrühren. Restliche Zutaten locker miteinander vermengen, Saftmischung unterrühren und alles gleichmäßig auf dem Backblech verteilen.

- In den vorgeheizten Ofen schieben und etwa 30 Minuten goldbraun und knusprig backen. Zwischendurch mit einem Kochlöffel lockern und durchmischen.

- Granola aus dem Ofen nehmen und bei Zimmertemperatur vollständig abkühlen lassen. Dann in ein großes Schraubglas füllen, gut verschließen und an einem kühlen, trockenen Ort lagern.

Für etwa 700 g:

~ 1 Stück frischer Ingwer, etwa 5 cm
~ 1 kleine frische Bioorange
~ 50 g Kokosöl
~ 3 EL Honig
~ 1 kräftige Prise gemahlener Kardamom
~ 400 g Haferflocken
~ 100 g Cashewkerne
~ 100 g Kürbiskerne

Zubereitungszeit:

~ 40 Min.

APFEL-GRANOLA

- Backofen auf 160 °C vorheizen und Backblech mit Backpapier auslegen. Feigen kleinschneiden, in einer Schüssel mit den restlichen trockenen Zutaten vermengen.
- Apfelsaft und Weizenkeimöl, nach Belieben auch Vanilleextrakt, unter den Schüsselinhalt rühren und alles gleichmäßig auf dem Backblech verteilen.
- In den vorgeheizten Ofen schieben und etwa 30 Minuten goldbraun und knusprig backen. Zwischendurch mit einem Küchenlöffel lockern und durchmischen.
- Granola aus dem Ofen nehmen und bei Zimmertemperatur vollständig abkühlen lassen. Dann in ein großes Schraubglas füllen, gut verschließen und an einem kühlen, trockenen Ort lagern.

Für etwa 800 g:

~ 50 g getrocknete Feigen
~ 400 g Haferflocken
~ 100 g Kürbiskerne
~ 100 g Mandeln
~ 50 g Leinsamen
~ 1 kräftige Prise gemahlener Zimt
~ 100 ml Apfelsaft
~ 4 EL Weizenkeimöl
~ 1–2 Tropfen Vanilleextrakt, nach Belieben

Zubereitungszeit:

~ 40 Min.

KOKOS-GRANOLA MIT BANANE
TROPENGARTEN-GRANOLA
ORANGEN-INGWER-GRANOLA

GRANOLA MIT HAFER UND NÜSSEN
VANILLA-GRANOLA
APFEL-GRANOLA

KOKOS-GRANOLA MIT BANANE

— Backofen auf 160 °C vorheizen und Backblech mit Backpapier auslegen. Banane schälen und zu Mus zerdrücken. Mit Honig und Eiweiß verrühren, mit Currypulver würzen. Kokosöl in einen kleinen Topf geben, auf dem Herd bei mittlerer Hitze schmelzen und unterrühren.

— Chiasamen, Haferflocken und Nüsse vermischen, Bananenbrei untermengen. Alles gleichmäßig auf dem Backblech verteilen.

— In den vorgeheizten Ofen schieben und etwa 30 Minuten goldbraun und knusprig backen. Zwischendurch mit einem Kochlöffel lockern und durchmischen.

— Granola aus dem Backofen nehmen und bei Zimmertemperatur vollständig abkühlen lassen. Mit Kokosraspeln, Bananen- und Mangochips vermischen und in ein großes Schraubglas füllen. Gut verschließen und an einem kühlen, trockenen Ort lagern.

Tipp: Dieses Granola ist nicht vegan. Durch das Eiweiß entsteht beim Backen ein Knuspereffekt. Es kann aber auch problemlos weggelassen werden.

Für etwa 700 g:

- ~ 1 reife Banane
- ~ 5 EL Honig, alternativ Sirup, Rezept siehe Seite 53
- ~ 1 Eiweiß
- ~ ¼ TL kräftiges Currypulver
- ~ 3 EL Kokosöl
- ~ 50 g Chiasamen
- ~ 100 g Haferflocken
- ~ 200 g Nussmix, grob gehackt, wie Pekan- und Walnüsse
- ~ 100 g Kokosraspel
- ~ 50 g getrocknete Bananenchips
- ~ 50 g getrocknete Mangochips

Zubereitungszeit:

- ~ 40 Min.

UNWIDERSTEHLICHE TOPPINGS

Natürlich können Sie auch einfach Kerne, Nüsse und Chiasamen ganz pur über Ihre Smoothie-Bowl streuen oder diese mit klein geschnittenem Obst garnieren. Doch wenn Sie ab und zu mal Appetit auf etwas Besonderes haben, dann lassen Sie sich doch von den folgenden Rezepten inspirieren. Diese leckeren Toppings sind nicht nur schnell und einfach gemacht, sondern schmecken himmlisch gut und schinden bei allen Bowl-Liebhabern mächtig Eindruck.

DATTELKUGELN MIT LUCUMA

- Datteln klein schneiden, Orange auspressen. Beides zusammen mit Lucumapulver im Standmixer pürieren.
- Nach und nach gemahlene Mandeln hinzufügen, sodass eine kompakte Masse entsteht. Daraus mit feuchten Händen Kugeln formen und diese in gehackten Mandeln wälzen. Mit Klarsichtfolie abdecken und bis zum Verzehr in den Kühlschrank stellen. Sie halten sich gekühlt 5 Tage lang.

Die Kugeln können Sie in die Smoothie-Bowl einrühren oder obendrauf als Topping dekorieren.

Für 30 mittelgroße Kugeln:

~ 250 g Datteln, entsteint
~ 1 Orange
~ 1 TL Lucumapulver
~ 100 g gemahlene Mandeln
~ 100 g gehackte Mandeln

Zubereitungszeit:

~ 30 Min.

CAROB-CREME

- Alle Zutaten vermengen und so lange cremig rühren, bis eine homogene Masse entstanden ist. In ein steriles Twist-off-Glas füllen und gut verschließen. Die Creme hält sich einige Wochen im Kühlschrank.

Diese süße Mischung passt teelöffelweise oder in kleinen Portionen als Süßungsmittel in die Smoothie-Bowl.

Für etwa 200 g:

~ 100 g weißes Mandelmus
~ 100 g Ahornsirup
~ 2 EL Sonnenblumenöl
~ 1 EL Carobpulver

Zubereitungszeit:

~ 10 Min.

MINIKRÄCKER MIT ROSINEN

Für etwa 40 Stück:

- ~ 150 g Weizenflocken
- ~ 150 g mittelfeine Haferflocken
- ~ 400 ml lauwarmes Wasser
- ~ 100 g Rosinen
- ~ 2 EL Birnendicksaft
- ~ 1 TL Olivenöl
- ~ 100 g ungeschälte Sesamsamen
- ~ 1 kräftige Prise grobkörniges Meersalz

Zubereitungszeit:

- ~ 1 Std. + 1 Std. Ruhezeit

— Weizen- und Haferflocken in einer Schüssel vermengen, mit Wasser übergießen und abdecken. Flocken etwa 1 Stunde quellen lassen.

— Rosinen mit Birnendicksaft vermengen. Backofen auf 180 °C vorheizen. Backblech mit Backpapier auslegen und dieses mit Olivenöl bepinseln.

— Gequollene Flocken mit Sesam und Meersalz vermengen. Zuletzt Rosinen untermischen. Schüsselinhalt gleichmäßig auf dem Backblech verteilen und glatt streichen.

— Backblech auf der mittleren Schiene in den Ofen schieben und Kräcker etwa 50 Minuten knusprig backen. Nach 15 bis 20 Minuten Backblech aus dem Ofen nehmen. Mit einem scharfen Messer Backmasse in Stücke von etwa 3 mal 5 Zentimeter ein-, aber nicht durchschneiden.

— Backblech aus dem Ofen nehmen und Kräcker abkühlen lassen. Mit dem Messer eingeschnittene Stücke durchschneiden. Vollständig abkühlen lassen und erst dann in Keksdosen verstauen. Sie halten sich in einer gut verschlossenen Dose einige Wochen.

Diese knusprigen Kräcker können Sie für das Topping zerbröseln und über die Smoothie-Bowl streuen oder einfach in die Schüssel stecken.

DATTELKUGELN
MIT LUCUMA
SCHOKO-
CORNFLAKES

MINIKRÄCKER MIT ROSINEN

SCHOKO-CORNFLAKES

- Schokolade in Stücke brechen und in einer hitzebeständigen Schüssel über einem heißen Wasserbad schmelzen. Dabei Kokosöl sowie Kokosblütenzucker einrühren.

- Nachdem die Schokolade cremig geschmolzen ist, Cornflakes untermischen. Mit einem Teelöffel kleine Portionen auf ein mit Backpapier ausgelegtes Backblech setzen. Schoko-Cornflakes vollständig abkühlen beziehungsweise trocknen lassen. Erst dann in ein Glas füllen und gut verschließen. Sie halten sich bei kühler, dunkler Lagerung 4 Wochen.

Cornflakes knuspern so schön beim Essen. Sie können allerdings auch Haferflocken, Nüsse, Trockenfrüchte oder gemischte Müslireste verwenden.

Für 1 Backblech:

~ 200 g Zartbitterschokolade, alternativ Voll- milch- oder weiße Schokolade
~ 1 EL Kokosöl
~ 1 TL Kokosblütenzucker
~ 100 g ungesüßte Cornflakes

Zubereitungszeit:

~ 30 Min. + 3 Stdn. Trockenzeit

BEERENHONIG

- Beeren verlesen, vorsichtig waschen und trocken tupfen. Zusammen mit Honig in den Standmixer geben und pürieren. Nach Belieben Zitronenmelisseblättchen abzupfen, waschen, trocken tupfen, fein hacken und unter den Beerenhonig rühren.

- Beerenhonig in ein Schraubglas füllen und in den Kühlschrank stellen. Innerhalb von 1 Woche verbrauchen.

Zum Süßen können Sie ein paar dünne Fäden Beerenhonig über die Smoothie-Bowl geben.

Für 250 ml:

~ 100 g frische gemischte Beeren, zum Beispiel Himbeeren, Johannisbeeren, Blaubeeren, Brombeeren
~ 100 g Akazienhonig, alternativ andere Honigsorten, Ahornsirup oder Agavendicksaft
~ 1 TL frische Zitronenmelisseblättchen, nach Belieben

Zubereitungszeit:

~ 10 Min.

SÜSS-SCHARFES NUSSMUS

- Chilischote von Kernen und Stielansatz befreien. Knoblauchzehe abziehen. Frühlingszwiebeln waschen, putzen und halbieren. Äpfel schälen, vierteln und entkernen. Halbe Zitrone auspressen.

- Alles zusammen mit Nüssen, Honig und Olivenöl im Standmixer pürieren. Anschließend vorsichtig mit Meersalz, Pfeffer und nach Belieben mit Zimt würzen.

- Das Mus in ein gut verschließbares Glas abfüllen und kühl stellen. Es hält sich im Kühlschrank 3 bis 4 Tage lang.

Nicht jeder mag seine Smoothie-Bowl ausschließlich süß. In diesem Buch gibt es einige Bowls, zum Beispiel mit Quinoa oder Mango, die mit einem Teelöffelchen von diesem Nussmus wunderbar getoppt werden.

Für 300 ml:

~ ½ getrocknete Chilischote
~ 1 Knoblauchzehe
~ 2 Frühlingszwiebeln
~ 2 kleine Äpfel
~ ½ Zitrone
~ 100 g Nussmix, klein gehackt, zum Beispiel Cashew-, Pinienkerne, Walnüsse
~ 1 EL Honig
~ 8 EL Olivenöl
~ 1 Prise Meersalz
~ 1 Prise roter Pfeffer aus der Mühle
~ 1 Prise gemahlener Zimt nach Belieben

Zubereitungszeit:

~ 30 Min.

VANILLE-KARAMELLSIRUP

Für etwa 400 ml:

- 1 Vanilleschote
- 300 g Zucker, alternativ Rohrohrzucker
- 300 ml heißes Wasser, alternativ Zitronen- oder Orangensaft, frisch gepresst und passiert

Zubereitungszeit:

- 15 Min.

— Gefäß für den Sirup vorab auskochen, damit es steril ist. Sobald es getrocknet ist, Vanilleschote längs aufschneiden und hineinstecken.

— In einen großen Topf Zucker einrieseln lassen. Bei mittlerer Hitze und unter Rühren Zucker leicht golden, aber nicht dunkelbraun schmelzen.

— Langsam und vorsichtig heißes Wasser dazugießen und mit dem Zucker verrühren. Hitze verringern und 1 bis 2 Minuten weiterrühren, bis das Zuckerwasser merklich dickflüssiger wird.

— Topf vom Herd ziehen und Sirup noch etwa 10 Minuten abkühlen lassen. In das Gefäß mit der Vanilleschote füllen, gut verschließen und kühl stellen. Im Kühlschrank hält sich der Sirup gut verschlossen ungefähr 3 Monate lang.

Wenn Ihnen ein bisschen Süße in der Smoothie-Bowl fehlt, einfach ein paar Tropfen Sirup unterrühren.

–

SMOOTHIE-BOWLS ZUM REINLÖFFELN

Wie kann etwas so gesund sein und dabei so lecker aussehen und schmecken?

Zutaten rein in den Mixer und pürieren, Smoothie rein in die Bowl und genießen. Einfacher geht's nicht – kaum zu glauben, dass Smoothie-Bowls dabei auch noch so richtig gut schmecken. Egal, was Sie gern mögen, hier ist für jeden Geschmack etwas zu finden: cremig-süß, säuerlich, gesund-grün, eher herzhaft, fruchtig-beerig oder nussig ... Holen Sie sich am besten gleich einen Löffel und schlemmen Sie los.

BANANE MIT MANGO UND KOKOS

vegan • glutenfrei

Starten Sie den Tag mit Vanille, denn dieses Gewürz hebt nachweislich die Laune. Vanille-Fans nehmen gern ganze Schoten, am liebsten die der Bourbon-Vanille, schaben davon etwas Mark heraus und mischen es mit einem Natur-Sojajoghurt.

- Bioorange waschen, gründlich abtrocknen und Schale abreiben. Orange so schälen, dass die weiße Haut entfernt wird. Eine Hälfte der Orange mit einem scharfen Messer zu kleinen Filets schneiden. Den Rest zu Saft ausdrücken.

- Mango schälen und in feine Würfel schneiden. Banane schälen und in Scheibchen schneiden. Vanille-Sojajoghurt mit Orangensaft und -schale, der Hälfte der Mangowürfel, Bananenscheiben und Kokosraspeln in den Standmixer geben. Langsam starten und dann bei Höchststufe cremig pürieren. In eine Schüssel füllen.

- Mit Orangenfilets und restlichen Mangowürfeln belegen. In die Mitte Rosinen mit Kokoschips streuen und nach Belieben alles leicht mit Zimt bestäuben.

Tipp: Die Hautsegmente der Orange würden die Smoothie-Bowl zu bitter machen, deshalb empfehle ich, sie zu entfernen.

Für eine Schüssel:

~ 1 Bioorange
~ 1 kleine Mango, zum Beispiel Thai-Flugmango
~ 1 reife Banane
~ 150 g Vanille-Sojajoghurt
~ 1 EL Kokosraspel

Für das Topping:

~ 1 EL Rosinen
~ 1 EL Kokoschips
~ 1 Prise gemahlener Zimt nach Belieben

Zubereitungszeit:

~ 10 Min.

SMOOTHIE-BOWL IN DER ANANAS

glutenfrei • Superfood

- Haferflocken mit Hüttenkäse und Apfeldicksaft vermengen. Mit einem Tuch abdecken und bei Zimmertemperatur 30 Minuten ruhen lassen.
- Baby-Ananas der Länge nach halbieren, aus Dekorationsgründen den Schopf nicht entfernen. Aus einer Ananashälfte Fruchtfleisch herauslösen und davon 150 bis 200 Gramm zur Verwendung klein schneiden. Restliche Ananas aufbewahren und am nächsten Tag verwenden.
- Haferflockenbrei mit etwas Currypulver und Kardamom würzen und Ananasstückchen untermengen. In die Ananashälfte füllen und mit Hanfsamen sowie Gojibeeren garnieren. Nach Belieben Korianderblättchen abzupfen, waschen, trocken tupfen und über die Bowl streuen.

Tipp: Seit einigen Jahren werden kontrolliert glutenfreie Haferflocken aus Deutschland angeboten. Vorher wurden Haferflocken grundsätzlich als glutenhaltig eingestuft, da sie oftmals mit glutenhaltigem Getreide verunreinigt waren.

Für 1 Ananashälfte, alternativ für 1 Schüssel:

~ 100 g glutenfreie Haferflocken
~ 150 g Hüttenkäse
~ 1 EL Apfeldicksaft
~ 1 reife saftige Baby-Ananas
~ 1 Prise Currypulver
~ 1 Msp. gemahlener Kardamom

Für das Topping:

~ 1 EL Hanfsamen
~ 1 EL getrocknete Gojibeeren
~ 1 TL frische Korianderblättchen, nach Belieben

Zubereitungszeit:

~ 10 Min. + 30 Min. Einweichzeit

„KEINE-ZEIT-SUPER-BOWL"

Wenn die Zeit drängt, hellt ein Blick in den Tiefkühlschrank das Gesicht dank vieler bunter Zutaten wieder auf. Ein paar Blättchen Basilikum oder Minze von der Fensterbank dazu, fertig!

- Gefrorene Beeren und Kefir im Standmixer kräftig pürieren, bis die Mischung fluffig ist. In eine Schale füllen.
- Basilikum- oder Minzblättchen abzupfen, waschen, trocken tupfen und zusammen mit Granola über die Bowl streuen.

Für eine Schüssel:

~ 150 g gemischte TK-Beeren, zum Beispiel Himbeeren, Erdbeeren, Johannisbeeren, Blaubeeren
~ 100 g Kefir, alternativ Magerquark

Für das Topping:

~ 1 EL frische Basilikumblättchen, alternativ Minzblättchen
~ 4–5 EL Orangen-Ingwer-Granola, Rezept siehe Seite 40

Zubereitungszeit:

~ 5 Min.

PIMP MY CHIAPUDDING

vegan • Superfood • glutenfrei

- Chiasamen mit Kokosmilch in einer Schüssel verrühren, abdecken und für mindestens 1 Stunde im Kühlschrank quellen lassen. Banane schälen, in Scheiben schneiden und für mindestens 1 Stunde ins Gefrierfach stellen.

- Datteln klein schneiden. Zusammen mit Chia-Kokosmilch sowie Bananenscheiben in den Standmixer geben. Langsam starten und dann bei Höchststufe cremig pürieren. In eine Schüssel füllen.

- Papaya schälen, entkernen und in dünne kleine Streifen schneiden. Zusammen mit Nüssen auf der Bowl garnieren.

Varianten: Sie können die Chia-Kokosmilch mit Granatapfelkernen, Mangospalten und Physalis garnieren. Die Nüsse durch Leinsamen oder getrocknete Früchte wie Feigen, Maulbeeren oder Gojibeeren ersetzen. Und anstatt Kokosmilch andere vegane Pflanzendrinks wie Hafer- oder Sojamilch verwenden.

Für eine Schüssel:

~ 2 EL Chiasamen
~ 200 ml Kokosmilch, Rezept siehe Seite 26
~ 1 Banane
~ 50 g Datteln, entsteint

Für das Topping:

~ ½ kleine Papaya, etwa 200 g
~ 2 EL Nussmix, grob gehackt, zum Beispiel Wal-, Pekannüsse, Cashewkerne

Zubereitungszeit:

~ 10 Min. + mindestens 1 Std. Quell- & Anfrierzeit

vegan

CACAO-OVERNIGHT-OAT-BOWL

Eine Bowl für Süßmäuler – und dabei am Morgen auch noch ratzfatz fertig.

- Haferflocken mit Kakaopulver und Ahornsirup in einer Schüssel vermengen und Mandelmilch unterrühren. Abdecken und zum Einweichen mindestens 8 Stunden, am besten über Nacht, in den Kühlschrank stellen.

- Eingeweichten und gekühlten Haferbrei gründlich umrühren. Banane und Mango schälen, in kleine Stücke schneiden und Haferbrei damit belegen. Mit Kakaonibs bestreuen.

Variante: Je nachdem, was sich alles in Ihrem Küchen- oder Kühlschrank versteckt, können Sie auch andere Zutaten wählen: beispielsweise Honig, Apfel- oder Birnendicksaft statt Ahornsirup, Carobpulver statt Kakaopulver oder Kuh-, Reis- und Hafermilch statt Mandelmilch.

Für eine Schüssel:

~ 50 g Haferflocken
~ 1 TL ungesüßtes Kakaopulver
~ ½ TL Ahornsirup
~ 150 ml Mandelmilch, Nussmilch-Rezept siehe Seite 23

Für das Topping:

~ 1 kleine Banane
~ ½ saftige Mango
~ 1 EL rohe Kakaonibs

Zubereitungszeit:

~ 10 Min. + mindestens 8 Stdn. Einweichzeit

vegan • Superfood • glutenfrei

SCHWARZE QUINOA MIT KIWI UND BIRNE

— Quinoa gründlich waschen und in einem Sieb abtropfen lassen. In einen Topf geben, Wasser aufgießen und mit einer Prise Salz würzen. Aufkochen, dann bei kleiner Hitze 20 Minuten garen und weitere 5 Minuten quellen lassen. Abgießen, in eine Schüssel füllen und abkühlen lassen. Abgedeckt in den Kühlschrank stellen.

— Gojibeeren mit Apfel- oder Birnensaft beträufeln und einige Minuten einweichen lassen. Kiwi schälen, vierteln und in kleine Stücke schneiden. Birne waschen, entkernen und klein würfeln.

— Gekühlte Quinoa umrühren und mit Fruchtstücken sowie Gojibeeren belegen. Zitronenmelisseblättchen abzupfen, waschen, trocken tupfen und auf die Bowl streuen.

Wissenswert: Das nussig schmeckende Gänsefußgewächs Quinoa gibt es als weiße, rote und schwarze Sorte. In Südamerika wird sie als „Quelle des Lebens" bezeichnet. Grund ist der hohe Eiweißgehalt, der viel Energie für den ganzen Tag liefert.

Für eine Schüssel:

~ 100 g schwarze Quinoa
~ 250 ml Wasser
~ Salz

Für das Topping:

~ 2 EL Gojibeeren
~ 3–4 EL Apfel- oder Birnensaft (Direktsaft)
~ 1 gelbe oder grüne Kiwi
~ ½ Birne
~ 1 TL frische Zitronenmelisseblättchen

Zubereitungszeit:

~ 30 Min.

FLOCKEN MIT FRISCHEKICK

vegan • Superfood

Es gibt knusprige Flakes und Flocken auf Reis- oder Getreidebasis in Bioqualität, ohne Zusätze und Zucker. Wenn Sie diese zusätzlich mit Vitaminen boosten, kurbeln Sie gleich noch Ihren Stoffwechsel an.

Für eine Schüssel:

- 1 Banane
- 1 Zitrone
- 150 g Sojajoghurt
- 100 g Dinkelflakes, alternativ Reisflocken oder Branflakes

Für das Topping:

- ½ saftige Birne
- 50 g Blaubeeren
- 1 EL getrocknete Maulbeeren

Zubereitungszeit:

- 10 Min.

— Banane schälen und zerteilen, Zitrone auspressen. Bananenstücke und Zitronensaft zusammen mit Sojajoghurt in den Standmixer geben. Langsam starten und dann bei Höchststufe cremig pürieren.

— Flakes in eine Schüssel füllen und flüssigen Bananenjoghurt darübergeben.

— Birne waschen, nach Belieben schälen, entkernen und in mundgerechte Stücke schneiden. Blaubeeren verlesen, vorsichtig waschen und trocken tupfen. Vorbereitete Früchte mit Maulbeeren als Topping anrichten.

Wissenswert: Blaubeeren gelten als Superfood, weil sie durch ihre wertvollen Inhaltsstoffe als Radikalfänger wirken. Allerdings gilt das nur für die wilden Blaubeeren mit blauem Fruchtfleisch, nicht für die Kulturheidelbeeren mit weißem Fruchtfleisch.

vegan • Superfood • glutenfrei

BOXENSTOPP MIT SMOOTHIE-BOWL

In Ihrem Büro gibt es hoffentlich einen Kühlschrank? Dann deponieren Sie doch dort den leckeren Chiapudding. Wenn der kleine Hunger kommt, holen Sie die Schüssel einfach aus dem Kühlschrank und garnieren sie noch ein bisschen.

— Chiasamen mit Reismilch in einer Schüssel verrühren, abdecken und mindestens 1 Stunde zum Quellen in den Kühlschrank stellen.

— Honigmelone halbieren, entkernen, Fruchtfleisch herauslöffeln und in kleine Stücke schneiden. Erdbeeren putzen, vorsichtig waschen, abtrocknen und je nach Größe ganz lassen oder halbieren.

— Chiabrei aus dem Kühlschrank nehmen, umrühren, mit Fruchtstücken belegen und mit Hanfsamen bestreuen.

Tipp: Für einen zusätzlichen Energiekick können Sie ½ Teelöffel Acaibeerenpulver oder veganes Proteinpulver unter den Chiapudding mischen.

Für eine Schüssel:

~ 2 EL Chiasamen
~ 150 ml Reismilch

Für das Topping:

~ 150 g Honigmelone
~ 150 g kleine süße Erdbeeren
~ 1 EL Hanfsamen

Zubereitungszeit:

~ 10 Min. + mindestens 1 Std. Quellzeit

vegan

ERDBEER-HIMBEER-MIX MIT GERÖSTETEM PUMPERNICKEL

- Erdbeeren – auch die fürs Topping – und Himbeeren putzen, vorsichtig waschen und abtrocknen. Erdbeeren fürs Topping beiseitestellen, restliche Beeren für mindestens 1 Stunde ins Gefrierfach stellen.
- Pumpernickel grob bis fein zerbröseln und zusammen mit Mandelstiften in einer beschichteten heißen Pfanne etwa 2 Minuten ohne Zugabe von Fett leicht anrösten.
- Gefrorene Früchte zusammen mit Mandelmilch und Ahornsirup in den Standmixer geben. Langsam starten und bei höchster Stufe cremig pürieren. In eine Schüssel füllen.
- Erdbeeren fürs Topping zusammen mit gerösteten Pumpernickel-Mandeln über die Bowl streuen.

Wissenswert: Pumpernickel besteht aus Roggenvollkornschrot, Wasser und Meersalz. Durch den kräftigen malzigen Geschmack kann er gut mit Früchten kombiniert werden.

Für eine Schüssel:

~ 100 g Erdbeeren
~ 100 g Himbeeren
~ 100 ml Mandelmilch
~ 1 TL Ahornsirup

Für das Topping:

~ 1 Handvoll Erdbeeren
~ 50 g Pumpernickel
~ 1 EL Mandelstifte

Zubereitungszeit:

~ 10 Min. + 1 Std. Anfrierzeit

MANGO-BOWL MIT CHIAKRÄCKERN

vegan • glutenfrei

- Banane schälen und in kleine Stücke schneiden. Mango schälen und Fruchtfleisch klein schneiden. Banane und Mango für mindestens 1 Stunde ins Gefrierfach stellen.

- Gefrorene Früchte mit Sojamilch, Leinsamenschrot und Zimt in den Standmixer geben. Langsam starten und bei Höchststufe cremig pürieren. In eine Schüssel füllen.

- Chiakräcker mit der Hand oder in einer Plastiktüte mit einem Nudelholz zerbröseln. Mango-Bowl mit den Bröseln bestreuen. Nach Belieben Brombeeren verlesen, vorsichtig waschen, abtrocknen und darüberstreuen.

Variante: Anstatt Sojamilch können Sie auch Kokosmilch und als Topping zusätzlich Kokosflocken verwenden. Banane und Mango müssen nicht gefroren sein, sondern können auch frisch gemixt werden – dann einen kleinen Teil der Fruchtstücke für die Garnitur verwenden.

Für eine Schüssel:

~ 1 Banane
~ 1 saftige reife Mango
~ 100 ml Sojamilch
~ 1 EL Leinsamenschrot
~ 1 Prise gemahlener Zimt

Für das Topping:

~ 50 g Chiakräcker
~ 1 Handvoll frische Brombeeren, nach Belieben

Zubereitungszeit:

~ 10 Min. + mindestens 1 Std. Anfrierzeit

BEERENMIX MIT QUINOA-POPS

vegan • glutenfrei

Diese beerenstarke Mischung könnte Sie als „Verlegenheits-Bowl" zubereiten, wenn Sie es mal nicht geschafft haben, einkaufen zu gehen. Denn alles, was reinkommt, ist im Gefrier- und Vorratsschrank zu finden.

- Beeren und Spinat mit Erdnussbutter in den Standmixer geben. Langsam starten und bei Höchststufe cremig pürieren. In eine Schüssel füllen.

- Trockenfrüchte klein schneiden. Zusammen mit Quinoa-Pops auf der Bowl garnieren.

Variante: Sie können auch nur den Spinat mit 100 Milliliter Mandelmilch im Mixer cremig pürieren. Dann einfach mit Amarant-Pops bestreuen und mit frischen saisonalen Beeren garnieren.

Für eine Schüssel:

~ 200 g gemischte TK-Beeren, zum Beispiel Himbeeren, Blaubeeren, Erdbeeren, Johannisbeeren
~ 100 g TK-Spinat, kein Rahmspinat!
~ 1 EL Erdnussbutter

Für das Topping:

~ 1 EL gemischte Trockenfrüchte
~ 1 EL Quinoa-Pops

Zubereitungszeit:

~ 10 Min.

Milchprodukt • glutenfrei

FRUCHTJOGHURT MIT LEINSAMEN

— Früchte schälen, Apfel entkernen und alles in mundgerechte Stücke schneiden. Für mindestens 1 Stunde in das Gefrierfach stellen.

— Gefrorene Fruchtstücke zusammen mit Joghurt und Leinöl in den Standmixer geben. Langsam starten und dann bei Höchststufe cremig pürieren. In eine Schüssel füllen und mit Leinsamen bestreuen.

Wissenswert: Leinsamen sind eine echte Gesundheitsprophylaxe. Essen Sie allerdings besser geschrotete Leinsamen. Diese sind zwar nur 2 bis 3 Monate haltbar, aber die Aufnahme im Darm und die Verteilung der Nährstoffe sind wesentlich besser. Als Alternative können Sie auch Leinöl verwenden. Da es allerdings schnell verderblich ist, kaufen Sie am besten ein kleines Fläschchen und bewahren dieses nach dem Öffnen im Kühlschrank auf. Leinöl eignet sich nicht zum Erhitzen, sondern sollte tropfenweise einem Smoothie, Saft oder Müsli beigemischt werden. Das nussige, leicht süß schmeckende Öl eignet sich auch für Salate oder zum Beträufeln von frischem Brot oder Gemüse.

Für eine Schüssel:

~ 1 saftige Mango
~ 1 Apfel
~ 1 Banane
~ 150 g Naturjoghurt
~ 1–2 Tropfen Leinöl

Für das Topping:

~ 2 EL geschroteter Leinsamen

Zubereitungszeit:

~ 10 Min. + mindestens 1 Std. Anfrierzeit

DINKEL-BOWL MIT SUPERFOODS

vegan • Superfood

Eine fruchtige Bowl mit Dinkelflockenbrei zum Frühstück gibt geballte Energie, um den Tag so richtig kraftvoll zu beginnen. Dieser Frühstücks-Bowl sind Top-Superfoods beigemischt, die mit einer hohen Nährstoffdichte punkten.

Für eine Schüssel:

- 50 g Dinkelflocken
- 250 ml Wasser
- 1 reife Banane
- 1 EL Birnendicksaft
- 1 EL Weizenkleie
- 2 EL gemahlene Chiasamen

Für das Topping:

- 2 EL Hanfsamen
- 2 EL getrocknete Acaibeeren

Zubereitungszeit:

- 20 Min.

— Dinkelflocken unter ständigem Rühren in einem kleinen Topf mit Wasser aufkochen. Den Herd ausschalten und den Topfinhalt bei Restwärme weiterrühren, bis er breiig und dicklich wird.

— Banane schälen und in einem tiefen Teller mit einer Gabel zerdrücken. Mit Birnendicksaft vermischen.

— Warmen Dinkelbrei in eine Schüssel füllen und mit Bananenmus verrühren. Nach und nach Weizenkleie und Chiasamen untermischen. Mit Hanfsamen bestreuen und mit Acaibeeren garnieren.

Variante: Nach Belieben gehackte Nüsse und klein geschnittene Früchte beimischen. Oder jede Bowl mit extra Toppings dekorieren wie Himbeeren, Blaubeeren, Kokosraspel und Sesamsamen.

vegan

PORRIDGE-BOWL „APFELSTRUDEL"

Für eine Schüssel:

- ~ 50 g Haferflocken
- ~ 250 ml Wasser
- ~ Salz

Für das Topping:

- ~ 2 EL Sojajoghurt
- ~ 1 EL Ahornsirup
- ~ 1 Apfel
- ~ 1 Prise gemahlener Zimt
- ~ 1 EL Mandelblättchen
- ~ 2 EL Apfel-Granola, Rezept siehe Seite 41
- ~ 1 EL Rosinen

Zubereitungszeit:

- ~ 20 Min.

— Haferflocken unter ständigem Rühren in einem kleinen Topf mit Wasser aufkochen. Herd ausschalten und Topfinhalt bei Restwärme weiterrühren, bis er breiig und dicklich wird. Mit Salz würzen und Haferbrei in eine Schüssel füllen.

— Sojajoghurt mit Ahornsirup über dem Brei verteilen. Apfel schälen und fein darüberreiben. Mit Zimt bestäuben und mit Mandelblättchen, Apfel-Granola sowie Rosinen garnieren.

Wissenswert: Mit Haferflocken ist man lange satt, denn aufgrund des hohen Ballaststoffgehaltes werden die Kohlenhydrate nur langsam ins Blut abgegeben.

BIRNEN-BOWL MIT FEIGEN

vegan

— Birne schälen, vierteln und entkernen. Mit Dinkelmilch, Weizenkleie und Mandelmus in den Standmixer geben. Langsam starten und alles bei Höchststufe cremig pürieren. In eine Schüssel füllen.

— Feigen putzen, waschen, abtrocknen und mit Schale in Scheiben schneiden. Dekorativ mit den Dinkelflocken auf der Bowl anrichten.

Für eine Schüssel:

~ 1 saftig-süße Birne
~ 100 ml Dinkelmilch, Rezept siehe Seite 25
~ 2 EL Weizenkleie
~ 1 TL Mandelmus

Für das Topping:

~ 2 frische Feigen
~ 2 EL Dinkelflocken

Zubereitungszeit:

~ 10 Min.

SPINAT-AVOCADO MIT SPIRULINA

vegan • Superfood

- Banane schälen und klein schneiden. Spinatblätter waschen und abtropfen lassen. Zitrone auspressen. Fruchtfleisch der Avocado mit einem Löffel herauslösen und mit Zitronensaft beträufeln.
- Alles mit Kokosmilch, Mandelmus und Spirulina in den Standmixer geben. Langsam starten und dann bei Höchststufe cremig pürieren. In eine Schüssel füllen.
- Für das Topping Kiwi schälen, vierteln und in Scheibchen schneiden. Zusammen mit Granola hübsch anrichten. Nach Belieben mit Gänseblümchen dekorieren.

Wissenswert: Auch wenn sich herausgestellt hat, dass Spinat nicht so viel Eisen enthält, wie ursprünglich angenommen, so bietet dieses Grüngemüse auf 100 Gramm etwa 3 Milligramm Eisen und gehört damit noch immer zu den Spitzenreitern. Auch wirkt Spinat als sättigender Füllstoff für Abnehmwillige – pro 100 Gramm hat er gerade mal 15 Kalorien und enthält reichlich Vitamine und Mineralien: Vitamin A und C, Kalium, Kalzium, Magnesium und Folsäure.

Für eine Schüssel:

~ 1 Banane
~ 50 g junge Spinatblätter
~ ¼ Zitrone
~ ½ Avocado
~ 50 ml Kokosmilch, Rezept siehe Seite 26
~ 1 EL Mandelmus
~ 1 TL Spirulinapulver

Für das Topping:

~ 1 Kiwi
~ 2 EL Vanilla-Granola, Rezept siehe Seite 39
~ 1 Handvoll essbare Biogänseblümchen, nach Belieben

Zubereitungszeit:

~ 10 Min.

vegan

KOKOSNUSS IM TROPENGARTEN

Always cook on the bright side of life: Beim Genuss dieser tropisch gefüllten Schüssel träumen Sie bestimmt vom nächsten Urlaub – und der Tag fängt hervorragend an.

Für eine Schüssel:

- 1 gelbe Kiwi
- 1 kleine saftige Mango
- 1 Fingerbanane
- 100 ml Kokosnusswasser, aus dem Tetrapak oder von einer frischen Kokosnuss
- 4 Eiswürfel

Für das Topping:

- 2 Lychees
- 2 Physalis
- 2 EL Tropengarten-Granola, Rezept siehe Seite 38

Zubereitungszeit:

- 10 Min.

— Kiwi putzen und waschen, sie muss nicht geschält werden. Mango sowie Banane schälen und alle Früchte klein schneiden.

— Zusammen mit Kokosnusswasser und Eiswürfeln in den Standmixer geben. Langsam starten und dann bei Höchststufe cremig pürieren. In eine Schüssel füllen.

— Lychees schälen, entkernen und Fruchtfleisch in Streifen schneiden. Physalis waschen, abtrocknen und nach Belieben halbieren oder vierteln. Früchte zusammen mit Granola dekorativ auf der Bowl anrichten.

Variante: Der tropische Früchtekorb bietet das ganze Jahr über viele Auswahlmöglichkeiten: Ob nun Papaya, Cherimoya, Ananas, Rambutan, Passionsfrucht (Maracuja), Guave, Karambole, Kumquat – probieren Sie einfach mal was Neues aus.

NUTTY CAROB-BOWL

vegan

Ein bisschen schokoladig, ein bisschen nussig und mit frischem Obst getoppt – das ist doch etwas für Süßmäuler. Anstatt Carobpulver können Sie auch ungesüßtes Kakaopulver verwenden.

— Avocado halbieren, Kern entfernen und mit einem Löffel Fruchtfleisch herauslösen. Banane schälen, klein schneiden und zusammen mit Avocadofruchtfleisch in den Standmixer geben.

— Ahornsirup, Carobpulver, gemahlene Haselnüsse, Mandelmilch und Zimt hinzufügen. Mixer langsam starten, bei Höchststufe alles cremig mixen und in eine Schüssel füllen. Mit Granola und Granatapfelkernen garnieren.

Wissenswert: 100 Gramm Granatapfelkerne haben etwa 74 Kalorien, bestehen aus fast 80 Prozent Wasser, reichlich Kohlenhydraten und Ballaststoffen. Gesunde Inhaltsstoffe wie Kalium, Vitamin C, Calcium und Eisen machen den Granatapfel zum Energiespender und stärken das Immunsystem. Auch mit großen Mengen von Flavonoiden wie Anthocyane punktet der Granatapfel, denn diese wirken gegen freie Radikale.

Für eine Schüssel:

~ 1 kleine Avocado
~ 1 kleine Banane
~ 1 TL Ahornsirup
~ 1 EL Carobpulver
~ 1 EL gemahlene Haselnüsse
~ 100 ml Mandelmilch, Nussmilch-Rezept siehe Seite 23
~ 1 Prise gemahlener Zimt

Für das Topping:

~ 2 EL Granola mit Hafer und Nüssen, Rezept siehe Seite 35
~ 1 EL frische Granatapfelkerne

Zubereitungszeit:

~ 10 Min.

GRÜNER SMOOTHIE ZUM LÖFFELN

vegan

- Blaubeeren verlesen, vorsichtig waschen, abtrocknen und für mindestens 1 Stunde in das Gefrierfach stellen. Spinatblätter waschen und abtropfen lassen.
- Angefrorene Blaubeeren mit Spinat, Kokosöl, Datteln und Kokosnusswasser in den Standmixer geben. Langsam starten und dann bei Höchststufe cremig pürieren. In eine Schüssel füllen und mit Apfel-Granola bestreuen.

Variante: Falls der Smoothie ein bisschen mehr Süße und Superkräfte haben soll: einfach ½ Teelöffel nach Karamell schmeckendes Lucumapulver mitmixen.

Für eine Schüssel:

~ 100 g Blaubeeren
~ 50 g junge Spinatblätter
~ 1 TL Kokosöl
~ 2 Datteln, entsteint
~ 50 ml Kokosnusswasser, aus dem Tetrapak oder von einer frischen Kokosnuss

Für das Topping:

~ 2–3 EL Apfel-Granola, Rezept siehe Seite 41

Zubereitungszeit:

~ 5 Min. + mindestens 1 Std. Anfrierzeit

vegan

AVOCADO-ANANAS MIT ERDBEEREN

— Ananas schälen, Strunk entfernen und für die Bowl 100 Gramm vom Fruchtfleisch verwenden, den Rest für den nächsten Tag aufheben. Fruchtfleisch der Avocado mit einem Löffel herauslösen. Banane schälen. Alles klein schneiden.

— Mit Erdmandelmilch in den Standmixer geben. Langsam starten und dann bei Höchststufe cremig pürieren. In eine Schüssel füllen.

— Für das Topping Erdbeeren putzen, vorsichtig waschen, abtrocknen und in Scheibchen schneiden. Minzblättchen abzupfen, waschen, trocken tupfen und mit Kokosraspeln über die Bowl streuen.

Für eine Schüssel:

~ 1 Baby-Ananas
~ ½ Avocado
~ 1 Banane
~ 100 ml Erdmandelmilch, Rezept siehe Seite 32

Für das Topping:

~ 1 Handvoll kleine süße Erdbeeren
~ 1 EL frische Minzblättchen
~ 2 EL Kokosraspel

Zubereitungszeit:

~ 10 Min.

CHIA-PFIRSICH MIT CASHEWS

vegan • Superfood

- Chiasamen mit Kokosmilch verrühren, abdecken und mindestens 1 Stunde im Kühlschrank quellen lassen.

- Pfirsich putzen, waschen, halbieren und den Stein entfernen. Fruchtfleisch klein schneiden. Fruchtfleisch der Avocado mit einem Löffel herauslösen. Pfirsich und Avocado mit Chiasamen in den Standmixer geben. Langsam starten und dann bei Höchststufe cremig pürieren. In eine Schüssel füllen.

- Für das Topping Cashewkerne nach Belieben klein hacken. Aprikosen klein schneiden. Auf der Bowl anrichten und mit Chiasamen bestreuen.

Tipp: Auch der Avocadokern enthält viele wertvolle Nährstoffe und ist zudem essbar. Entfernen Sie einfach die braune Schale und reiben Sie den Kern klein oder vierteln Sie ihn und mixen ihn bei der nächsten Smoothie-Bowl mit.

Für eine Schüssel:

~ 1 EL Chiasamen
~ 100 ml Kokosmilch, Rezept siehe Seite 26
~ 1 saftiger Pfirsich
~ ½ Avocado

Für das Topping:

~ 2 EL Cashewkerne
~ 2 getrocknete Aprikosen
~ 1 Prise Chiasamen

Zubereitungszeit:

~ 10 Min. + mindestens 1 Std. Quellzeit

vegan • Superfood

HULK-SMOOTHIE-BOWL

Dieser Mix ist optisch eine Wucht und besonders gesund. Auf Instagram & Co. würde darunter ein „Halleluja“ stehen.

Für eine Schüssel:

- 1 Banane
- 100 g frische gemischte Beeren
- 50 g Babygrünkohl, alternativ junge Spinatblätter
- ½ TL Acaibeerenpulver
- 50 ml Hanfsamenmilch, Rezept siehe Seite 30

Für das Topping:

- frische Beeren
- 1 EL Gojibeeren
- ½ EL Chiasamen
- 1 EL gehackte Mandeln

Zubereitungszeit:

- 10 Min. + mindestens 1 Std. Anfrierzeit

— Banane schälen und in Scheiben schneiden. Alle Beeren – auch die für das Topping – verlesen, vorsichtig waschen und trocknen. Beeren für das Topping beiseitestellen, die restlichen zusammen mit Bananenscheiben für mindestens 1 Stunde in das Gefrierfach geben.

— Babygrünkohl putzen, waschen und klein schneiden. Mit Banane, Beeren, Acaibeerenpulver und Hanfsamenmilch in den Standmixer geben. Langsam starten, dann bei Höchststufe alles cremig pürieren und in eine Schüssel füllen.

— Beeren für das Topping mit Gojibeeren, Chiasamen und Mandeln über die Bowl geben.

Tipp: Wem ein bisschen Süße fehlt, der kann etwas Agavendicksaft oder einen Teelöffel Ahornsirup dazugeben.

vegan • Superfood

DRAGON-BOWL

Drachenfrüchte haben ein cremiges Fruchtfleisch, ob weiß oder rot kommt auf die Sorte an. Mit nervenstärkenden Nüssen und einer Prise Superfood wird es eine echte Drachen-Schüssel.

— Drachenfrucht vierteln und von jedem Viertel die Haut entfernen. Fruchtfleisch klein schneiden und für mindestens 1 Stunde in das Gefrierfach stellen.

— Feigen klein schneiden und zusammen mit Drachenfrucht, Camu-Camu-Pulver und Cashewmilch in den Standmixer geben. Langsam starten, dann bei Höchststufe cremig pürieren und in eine Schüssel füllen.

— Mit Granola und Hanfsamen bestreuen. Banane schälen und in Scheiben schneiden. Erdbeeren putzen, vorsichtig waschen, abtrocknen und ebenfalls in Scheiben schneiden. Mit den Fruchtscheiben die Bowl dekorieren.

Variante: Sie können je nach Angebot die Früchte auswählen. Auch frische Passionsfrüchte (Maracujas) stehen durch ihren hohen Vitamingehalt den Drachenfrüchten in nichts nach.

Für eine Schüssel:

~ 250 g Drachenfrucht
~ 2 getrocknete Feigen
~ ½ TL Camu-Camu-Pulver
~ 100 ml Cashewmilch, Rezept siehe Seite 23

Für das Topping:

~ 2 EL Tropengarten-Granola, Rezept siehe Seite 38
~ 1 EL Hanfsamen
~ ¼ Banane
~ 3 Erdbeeren

Zubereitungszeit:

~ 10 Min. + mindestens 1 Std. Anfrierzeit

BEEREN-BOWL

Milchprodukt • Superfood

- Banane schälen, klein schneiden und für mindestens 1 Stunde in das Gefrierfach stellen. Zusammen mit TK-Beeren, Aroniasaft, Agavendicksaft, Magerquark sowie Macapulver in den Standmixer geben. Langsam starten, bei Höchststufe cremig pürieren und in eine Schüssel füllen.

- Smoothie-Bowl mit Walnusskernen, Kakaonibs und getrockneten Maulbeeren garnieren.

Wissenswert: Aroniabeeren gibt es getrocknet als Pulver oder als Saft, beides hat eine kräftige rote Farbe. Und viele Vitamine, vor allem Vitamin C.

Für eine Schüssel:

~ 1 Banane
~ 50 g gemischte TK-Beeren, Himbeeren, Erdbeeren, Blaubeeren, Johannisbeeren
~ 50 ml Aroniasaft (Direktsaft)
~ 1 TL Agavendicksaft
~ 50 g Magerquark
~ ¼ TL Macapulver

Für das Topping:

~ 1 EL Walnusskerne, klein gehackt
~ 1 EL rohe Kakaonibs
~ 1 EL getrocknete Maulbeeren

Zubereitungszeit:

~ 10 Min. + mindestens 1 Std. Anfrierzeit

MELONEN-BOWL MIT GRANOLA

vegan

— 1 Banane schälen, in Scheiben schneiden und für mindestens 1 Stunde in das Gefrierfach stellen. Flohsamen in Sojamilch einrühren und etwa 15 Minuten quellen lassen. Trockenfrüchte klein schneiden. Orange auspressen und den Saft mit den Trockenfrüchten vermischen.

— Flohsamen-Sojamilch mit Banane und Trockenfrüchten in den Standmixer geben. Langsam starten und dann bei Höchststufe cremig pürieren. In eine Schüssel füllen.

— Honigmelone halbieren, Fruchtfleisch herauslöffeln und klein schneiden. Bowl mit Melonenstücken und Granola garnieren.

Tipp: In dieser fruchtig-süßen Bowl sind auch Flohsamen integriert. Diese helfen, Verdauungsbeschwerden zu lindern. Wegen ihrer Quelleigenschaft brauchen sie viel Flüssigkeit – also zur Smoothie-Bowl noch reichlich Wasser oder Tee trinken.

Für eine Schüssel:

~ 1 Banane
~ 1 TL Flohsamen
~ 100 ml Sojamilch
~ 2 EL gemischte Trockenfrüchte
~ ½ Orange

Für das Topping:

~ 150 g süß-saftige Honigmelone
~ 1 EL Granola mit Hafer und Nüssen, Rezept siehe Seite 35

Zubereitungszeit:

~ 10 Min. + mindestens 1 Std. Anfrierzeit und 15 Min. Quellzeit

vegan • Superfood • glutenfrei

MATCHA-GREEN MIT MARONEN

— Mango schälen, Fruchtfleisch klein schneiden und für mindestens 1 Stunde in das Gefrierfach stellen.

— Fruchtfleisch der Avocado mit einem Löffel herauslösen und mit Kokosmilch, Matchapulver, Kokosblütenzucker sowie Mangostücken in den Standmixer geben. Langsam starten und dann bei Höchststufe cremig pürieren. In eine Schüssel füllen.

— Maronen in Scheiben schneiden oder grob hacken. Banane schälen und in Scheiben schneiden. Die Schüssel mit Maronen und Bananenscheiben garnieren. Nach Belieben Korianderblättchen abzupfen, waschen, trocken tupfen und darüberstreuen.

Tipp: Geschälte und gegarte Esskastanien, Maronen, sind tiefgekühlt oder in Folie verpackt im Handel erhältlich. Noch besser ist es, frische Maronen zu kaufen, diese an den Oberflächen kreuzweise einzuschneiden und im vorgeheizten Backofen bei 200 °C etwa 15 Minuten zu garen. Die Schalen lassen sich dann gut entfernen. Maronen sind eine gute Wahl; sie haben wenig Fett und Kalorien, dafür aber viel Geschmack.

Für eine Schüssel:

~ 1 kleine saftige Flugmango
~ ½ Avocado
~ 100 ml Kokosmilch, Rezept siehe Seite 26
~ 1 TL Matchapulver
~ 1 TL Kokosblütenzucker

Für das Topping:

~ 50 g Maronen, geschält
~ 1 kleine Banane
~ 1 EL frische Korianderblättchen, nach Belieben

Zubereitungszeit:

~ 10 Min. + mindestens 1 Std. Anfrierzeit

vegan • Superfood

APRIKOSEN-JOGHURT MIT BULGUR

— Bulgur in einem kleinen Topf mit Wasser aufkochen und bei kleiner Hitze etwa 10 Minuten garen. Abgießen, in eine Schüssel füllen und abkühlen lassen.

— Vanillemark und Ahornsirup mit Sojajoghurt verrühren. Unter den Bulgur rühren.

— Aprikosen waschen, entsteinen und in Streifen schneiden. Zusammen mit Chiasamen, Kokoschips und Nüssen auf die Bowl geben. Mit etwas Zimt bestäuben.

Wissenswert: Empfehlenswert ist der Ceylonzimt aus Sri Lanka, dieser wird als „echter Zimt" gehandelt. Bereits die empfohlene Menge von einer Prise bringt nicht nur lecker-würzigen Genuss mit sich, sondern auch eine ganze Reihe wertvoller Mineralstoffe wie Kalium, Kalzium, Mangan, Eisen, Zink und Magnesium. Dazu liefert Zimt sehr hohe Mengen an Vitamin A, Niacin, Pantothensäure und Pyridoxin. Zimt hilft auch beim Abnehmen, denn die wärmende Wirkung erhöht den Stoffwechsel und regt dadurch die Fettverbrennung an.

Für eine Schüssel:

~ 50 g Bulgur
~ 100 ml Wasser
~ ½ TL Vanillemark
~ 1 TL Ahornsirup, alternativ Honig
~ 100 g Sojajoghurt

Für das Topping:

~ 150 g frische süße Aprikosen
~ 1 TL Chiasamen
~ 1 TL Kokoschips
~ 1 TL Nüsse, grob gehackt, zum Beispiel Pekan- oder Paranüsse
~ 1 Prise gemahlener Zimt

Zubereitungszeit:

~ 15 Min.

FIVE-A-DAY-BOWL

vegan • glutenfrei

Fünf Portionen Gemüse/Früchte pro Tag werden empfohlen. Mit dieser Power-Bowl haben Sie einen Großteil davon zusammen.

Für eine Schüssel:

- 1 reife Banane
- 100 g Himbeeren
- 50 ml Mandelmilch, Nussmilch-Rezept siehe Seite 23
- 2 Eiswürfel mit Kräutern
- 1 TL veganes Eiweißpulver, nach Belieben

Für das Topping:

- 1 Feige
- Weintrauben
- 2 EL Vollkornreis, gepufft (Pops)
- 2 EL Kürbiskerne

Zubereitungszeit:

- 10 Min. + mindestens 1 Std. Anfrierzeit

— Banane schälen und in kleine Stücke schneiden. Himbeeren verlesen, vorsichtig waschen, abtrocknen und zusammen mit der Banane für mindestens 1 Stunde in das Gefrierfach stellen.

— Die angefrorenen Früchte mit Mandelmilch, Eiswürfeln und nach Belieben Eiweißpulver in den Standmixer geben. Langsam starten und dann bei Höchststufe cremig pürieren. In eine Schüssel füllen.

— Feige waschen und mit Schale in Scheiben schneiden. Weintrauben abzupfen, waschen und trocknen. Zusammen mit Reis-Pops und Kürbiskernen in einzelnen Bahnen auf der Smoothie-Bowl anrichten.

Tipp: Eiswürfel lassen sich bereits beim Einfrieren aromatisieren. So können Sie frische Blättchen von Zitronenmelisse oder Minze direkt in die Eiswürfelbehälter geben, bevor Sie diese mit Wasser befüllen und einfrieren. Oder Sie können, falls Sie zu viel Melone eingekauft haben, diese einfach zu Saft mixen und als Eiswürfel einfrieren.

Superfood

GETOPPTER KIRSCHGARTEN

— Kirschen waschen, entsteinen und für mindestens 1 Stunde in das Gefrierfach stellen. Zusammen mit Cashewmilch, Chiasamen, Muskatnuss und Eiswürfeln in den Standmixer geben. Langsam starten und dann bei Höchststufe cremig pürieren. In eine Schüssel füllen.

— Für das Topping Pflaumen waschen, entsteinen und in kleine Scheiben schneiden. Zusammen mit Müsli und Blütenpollen auf die Kirschbowl streuen und nach Belieben mit einigen Honigfäden überziehen.

Wissenswert: Blütenpollen schmecken süßlich, werden getrocknet in Bioqualität angeboten und sollten möglichst regional gekauft werden. Da sie das Immunsystem stärken und bei Rekonvaleszenz unterstützen, finden Sie die Pollen auch in Apotheken.

Für eine Schüssel:

~ 200 g süße Kirschen
~ 50 ml Cashewmilch, Rezept siehe Seite 23
~ 1 TL Chiasamen
~ 1 Prise Muskatnuss, frisch gerieben, alternativ Zimtpulver
~ 2 Eiswürfel

Für das Topping:

~ 2 süße gelbe Pflaumen, alternativ Marillen
~ 4 EL Müsli nach Wahl
~ 1 TL Blütenpollen
~ 1 EL Honig, nach Belieben

Zubereitungszeit:

~ 10 Min. + mindestens 1 Std. Anfrierzeit

FROSTY BLUEBERRY

vegan • Superfood • glutenfrei

- Alle Blaubeeren – auch die für das Topping – verlesen, vorsichtig waschen und trocken tupfen. Beeren für das Topping beiseitestellen, die restlichen für mindestens 1 Stunde ins Gefrierfach geben.
- Buchweizen in einem kleinen Topf mit Wasser aufkochen und bei kleiner Hitze etwa 15 Minuten garen. Abgießen, in eine Schüssel füllen und abkühlen lassen.
- Buchweizenkörner zusammen mit gefrorenen Blaubeeren, Kokosmilch, Maquibeerenpulver und Eiswürfeln in den Standmixer geben. Langsam starten und dann bei Höchststufe cremig pürieren. In eine Schüssel füllen.
- Für das Topping Blaubeeren mit Kokosraspeln und Mohn über die Bowl geben. Nach Belieben Physalis waschen, halbieren und dazu dekorieren.

Für eine Schüssel:

~ 100 g Blaubeeren
~ 50 g Buchweizen
~ 100 ml Wasser
~ 100 ml Kokosmilch, Rezept siehe Seite 22
~ 1 TL Maquibeerenpulver, nach Belieben
~ 1–2 Eiswürfel

Für das Topping:

~ 1 Handvoll Blaubeeren
~ 1 TL Kokosraspel
~ 1 kräftige Prise Mohn
~ 2–3 Physalis, nach Belieben

Zubereitungszeit:

~ 30 Min. + mindestens 1 Std. Anfrierzeit

APFEL-PORRIDGE MIT KAKI

vegan • Superfood

— Haferflocken unter ständigem Rühren in einem kleinen Topf mit Wasser aufkochen. Den Herd ausschalten und den Topfinhalt bei Restwärme weiterrühren, bis er breiig und dicklich wird.

— Apfel schälen, in Viertel schneiden und entkernen. Danach in kleine Stücke schneiden. Zusammen mit Leinsamenschrot, Kokosblütenzucker sowie Zimt unter das Porridge rühren.

— Kaki putzen, waschen, abtrocknen und klein würfeln. Das Porridge in eine Schüssel füllen und mit Kakistückchen, Sonnenblumenkernen sowie Chiasamen toppen.

Für eine Schüssel:

~ 50 g Haferflocken, alternativ Dinkelflocken
~ 150 ml Wasser
~ 1 kleiner Apfel
~ 1 EL Leinsamenschrot
~ 1 TL Kokosblütenzucker
~ 1 Prise gemahlener Zimt

Für das Topping:

~ 1 Kaki
~ 1 EL Sonnenblumenkerne
~ 1 TL Chiasamen

Zubereitungszeit:

~ 20 Min.

QUINOA-PINK-BOWL

— Quinoa gründlich waschen und in einem Sieb abtropfen lassen. In einen Topf geben, Wasser aufgießen. Aufkochen, dann bei kleiner Hitze 20 Minuten garen und weitere 5 Minuten quellen lassen. Abgießen, in eine Schüssel füllen und abkühlen lassen.

— Naturjoghurt mit Nussmus vermengen und über die Quinoa geben. Grapefruit schälen und Fruchtfleisch in kleine Filets schneiden. Auf der Bowl anrichten, mit Nüssen und Blüten bestreuen.

Variante: Eine Banane mit 150 Gramm Joghurt pürieren und unter 50 Gramm gekochte Quinoa rühren. Mit gemischten Früchten wie Blaubeeren, Himbeeren und Physalis garnieren.

Für eine Schüssel:

~ 100 g bunte Quinoamischung
~ 250 ml Wasser

Für das Topping:

~ 3 – 4 EL Naturjoghurt
~ ½ EL Nussmus, Rezept siehe Seite 52
~ ½ süße rosa Grapefruit
~ 1 EL gemahlene Nüsse, zum Beispiel Haselnüsse
~ 1 TL essbare Blüten, wie Gänseblümchen oder Kapuzinerblüte

Zubereitungszeit:

~ 25 Min.

BANANE-NUSS-SCHOKO

Milchprodukt • Superfood

- Banane schälen, in Scheiben schneiden und für mindestens 1 Stunde in das Gefrierfach stellen.
- Bananenscheiben zusammen mit Erdnussbutter, Chiasamen, Kakaopulver, Vanillezucker, Naturjoghurt, Haselnussmilch sowie Eiswürfeln in den Standmixer geben. Langsam starten und dann auf Höchststufe cremig pürieren. In eine Schüssel füllen.
- Für das Topping Mandeln, Kokosraspel und Kakaonibs auf der Smoothie-Bowl dekorativ verteilen.

Tipp: Neben der Banane zum Mixen können Sie nach spontanem Gusto positive Resteverwertung betreiben. Vielleicht liegen in der Obstschale noch ein Pfirsich, ein paar Weintrauben oder Physalis, die nach Aufessen „schreien".

Für eine Schüssel:

~ 1 Banane
~ 1 EL Erdnussbutter
~ 1 EL Chiasamen
~ 1 EL ungesüßtes Kakaopulver
~ ½ EL Vanillezucker
~ 50 g Naturjoghurt
~ 50 ml Haselnussmilch, Nussmilch-Rezept siehe Seite 23
~ 2 Eiswürfel

Für das Topping:

~ 1 EL gehackte Mandeln
~ 1 EL Kokosraspel
~ ½ EL rohe Kakaonibs

Zubereitungszeit:

~ 10 Min. + mindestens 1 Std. Anfrierzeit

vegan • glutenfrei

MANDEL-ORANGE MIT INGWER

Für eine Schüssel:

- 1 kleine Mango
- ½ Banane
- 1 saftig-süße Bio-orange
- 1 Stück frischer Ingwer, etwa 3 cm
- 100 ml Mandel-milch
- 1 TL Mandel-butter
- 1 Prise Curry-pulver

Für das Topping:

- 1 TL Hanfsamen
- 1 TL Mandel-blättchen
- 1 TL getrocknete Cranberrys

Zubereitungszeit:

- 10 Min. + mindestens 1 Std. Anfrierzeit

— Mango schälen und das Fruchtfleisch klein schneiden. Banane schälen, in Scheiben schneiden und zusammen mit den Mangostücken für mindestens 1 Stunde in das Gefrierfach stellen.

— Orange inklusive weißer Haut schälen. Filets herausschneiden, die Hälfte davon für das Topping beiseitestellen. Ingwer schälen und klein schneiden. Zusammen mit den angefrorenen Früchten, der Hälfte der Orangenfilets, Mandelmilch, Mandelbutter und Currypulver in den Standmixer geben. Langsam starten und dann bei Höchststufe cremig pürieren. In eine Schüssel füllen.

— Für das Topping restliche Orangenfilets, Hanfsamen, Mandelblättchen und Cranberrys hübsch auf der Smoothie-Bowl drapieren.

ERDBEER-CASHEW-BOWL

vegan • glutenfrei

- Alle Erdbeeren – auch die für das Topping – putzen, vorsichtig waschen, abtrocknen und klein schneiden. Die Beeren für das Topping beiseitestellen. Die Restlichen für mindestens 1 Stunde in das Gefrierfach geben. Cashews währenddessen mindestens 1 Stunde in Wasser einweichen.

- Orange auspressen. Cashews in ein Sieb gießen, abspülen und zusammen mit gefrorenen Erdbeeren und Orangensaft in den Standmixer geben. Langsam starten und dann bei Höchststufe cremig pürieren. In eine Schüssel füllen.

- Für das Topping Passionsfrucht halbieren, mit einem Löffel das Fruchtfleisch herauskratzen und auf der Smoothie-Bowl verteilen. Erdbeeren um die Passionsfrucht herum drapieren. Minzblättchen abzupfen, waschen, trocken tupfen und zusammen mit Sesamsamen darüberstreuen.

Für eine Schüssel:

~ 100 g Erdbeeren
~ 100 g Cashewkerne
~ 1 Orange

Für das Topping:

~ 1 Passionsfrucht (Maracuja)
~ 1 Handvoll Erdbeeren
~ 1 EL frische Minzblättchen
~ 1 TL Sesamsamen

Zubereitungszeit:

~ 10 Min. + mindestens 1 Std. Einweich- und Anfrierzeit

SCHICHT FÜR SCHICHT IM GLAS

vegan • Superfood • glutenfrei

- Chiasamen mit Hanfsamenmilch verrühren, abdecken und mindestens 1 Stunde im Kühlschrank quellen lassen.
- Vanille-Sojajoghurt mit Kakaopulver verrühren. Banane schälen und in Scheiben schneiden.
- In ein breites Glas abwechselnd Chiamischung und Kakao-Joghurt schichten. Zwischen jede Schicht Mandelblättchen streuen und Bananenscheiben legen.
- Für das Topping die Beeren verlesen, vorsichtig waschen, abtrocknen und oben auf der Smoothie-Bowl platzieren.

Tipp: Bei einem höheren Glas können Sie natürlich zusätzlich zwischen die Schichten noch rote und blaue Beeren streuen.

Für ein Glas:

~ 2 EL Chiasamen
~ 150 ml Hanfsamenmilch, Rezept siehe Seite 30
~ 150 g Vanille-Sojajoghurt
~ ½ TL ungesüßtes Kakaopulver
~ 1 kleine Banane
~ 1 EL Mandelblättchen

Für das Topping:

~ 1 Handvoll frische Beeren, zum Beispiel Blaubeeren, Johannisbeeren, Erdbeeren

Zubereitungszeit:

~ 10 Min. + mindestens 1 Std. Quellzeit

IMPRESSUM

1. Auflage 2016

Hinweis: Das vorliegende Buch ist sorgfältig erarbeitet worden. Dennoch erfolgen alle Angaben ohne Gewähr. Weder Autorin noch Verlag können für eventuelle Nachteile oder Schäden, die aus den im Buch gegebenen Hinweisen resultieren, eine Haftung übernehmen.

Die Verlagsgruppe Random House weist ausdrücklich darauf hin, dass im Text enthaltene externe Links vom Verlag nur bis zum Zeitpunkt der Buchveröffentlichung eingesehen werden konnten. Auf spätere Veränderungen hat der Verlag keinerlei Einfluss. Eine Haftung des Verlags für externe Links ist stets ausgeschlossen.

Redaktionsleitung: Silke Kirsch

Projektleitung: Esther Szolnoki

Redaktion: Eva Siegmund

Layout und Satz: OH, JA! (www.oh-ja.com)

Umschlaggestaltung: OH, JA! (www.oh-ja.com), unter Verwendung der Fotos von Kathrin Koschitzki

Bildredaktion: Sabine Kestler

Fotografie/Foodstyling/Styling: Kathrin Koschitzki (www.kathreinerle.de)

Reproduktion: Regg Media GmbH, München

Druck und Bindung: Alcione, Lavis (Trento)

Printed in Italy

FSC www.fsc.org
MIX
Papier aus verantwortungsvollen Quellen
FSC® C021956

ISBN 978-3-517-09524-0
www.suedwest-verlag.de